我国能源总量控制的理论、方法与案例研究

—— 基于优化配置的视角

刘晓燕 张一清 ◎著

中国经济出版社
CHINA ECONOMIC PUBLISHING HOUSE
北 京

图书在版编目（CIP）数据

我国能源总量控制的理论、方法与案例研究：基于优化配置的视角／刘晓燕，张一清著．--北京：中国经济出版社，2021.11

ISBN 978-7-5136-6725-8

Ⅰ．①我… Ⅱ．①刘… ②张… Ⅲ．①煤炭-能源消费-消费政策-研究-中国 Ⅳ．①F426.21

中国版本图书馆CIP数据核字（2021）第227533号

组稿编辑　崔姜薇
责任编辑　王骏雄
责任印制　马小宾
封面设计　久品轩

出版发行	中国经济出版社
印　刷　者	北京力信诚印刷有限公司
经　销　者	各地新华书店
开　　　本	710mm×1000mm　1/16
印　　　张	11.75
字　　　数	150千字
版　　　次	2021年11月第1版
印　　　次	2021年11月第1次
定　　　价	78.00元

广告经营许可证　京西工商广字第8179号

中国经济出版社 网址 www.economyph.com 社址 北京市东城区安定门外大街58号 邮编 100011
本版图书如存在印装质量问题，请与本社销售中心联系调换（联系电话：010-57512564）

版权所有　盗版必究（举报电话：010-57512600）
国家版权局反盗版举报中心（举报电话：12390）　　服务热线：010-57512564

前言

　　煤炭资源一直是我国经济发展的重要推动力量。近年来，我国煤炭生产量和消费量居世界首位，煤炭生产量占世界煤炭生产总量的比重由2005年的38.3%增长到2019年的47.3%；煤炭消费量占世界煤炭消费总量的比重由2005年的38.5%增长到2019年的51.7%。由于我国以煤炭为主的高碳能源消费总量增长过快，我国能源安全风险持续集聚，生态环境破坏日益加剧，在全球共同应对气候变化的背景下，我国温室气体排放压力凸显。煤炭的大量生产和使用引起大气中二氧化碳浓度的增加。有关统计显示，煤炭消费所排放的二氧化碳占我国二氧化碳总排放量的80%以上。煤炭消费排放的二氧化硫、氮氧化合物和PM2.5等污染物会引起雾霾、酸雨等严重的环境问题。

　　近年来，我国经济发展步入新常态，煤炭产能严重过剩。国务院出台了一系列政策控制煤炭消费总量。2013年9月出台的《大气污染防治行动计划》（"气十条"）中明确提出"制定国家煤炭消费总量中长期控制目标，实行目标责任管理"。2014年6月出台的《能源发展战略行动计划（2014—2020年）》中提出了2020年煤炭消费总量控制战略目标：煤炭消费总量控制在42亿吨左右，煤炭消费比重控制在62%以内。

　　如何建立既符合我国国情，又与国际先进水平看齐的清洁低碳、安全高效的可持续发展的能源体系，是摆在我们面前的一项极具挑战性的任务。

本书以能源总量控制为研究主体，主要内容包括以下四个方面：

第一，明确指出了能源优化配置机制的目标、方式、约束条件、求解流程以及相应的制度环境；运用博弈论分析了自由放任机制、计划机制以及基于宏观调控的市场机制，并得出宏观调控下的市场机制是最优能源优化配置机制的结论。

第二，以煤炭为例，建立能源的全成本定价模型，重点对煤炭的生态环境成本进行了分析；针对高碳能源具有"准公共物品"性质的特点，论证了化石能源的阶梯定价在高耗能企业实施的可行性。

第三，提出能源定额、配额等行政手段，具体分析了能源定额、配额的制定依据，以及如何实施能源的定额、配额。

第四，以中国主要耗煤大省（山东省）为例，建立山东省能源和碳排放总量控制及峰值研究模型，运用配额分配法将煤炭减量目标分解到各个地市、各主要行业，为中国重点耗煤省区实现煤炭消费总量控制、缓解大气环境污染提供了方法参考和经验借鉴。

能源全成本涉及能源资源成本、工程开发成本以及生态环境成本，由于很难获取这些关键数据，本书只对能源全成本模型进行了理论分析，并以煤炭为例对生态环境成本进行了探讨，并未对煤炭全成本进行精确测算。

目录

第一章 能源优化配置概述 …… 1
第一节 能源优化配置的主要内容 …… 8
第二节 能源优化配置的目的 …… 10
第三节 能源优化配置的研究方法 …… 11
一、案例分析法与观点综合法 …… 11
二、规范研究法与实证分析法 …… 12
三、宏观分析与微观分析 …… 12
四、博弈论分析法 …… 12

第二章 能源优化配置机制的博弈分析 …… 15
第一节 能源的分类及特点 …… 17
一、不可逆性 …… 19
二、不确定性 …… 19
三、不可回收性 …… 19
第二节 能源优化配置的相关内容 …… 20
一、化石能源的不可再生性 …… 20
二、化石能源的代际公平 …… 21
三、经济可持续发展 …… 23
四、能源与经济可持续发展的关系 …… 25

第三节　能源优化配置需解决的关键问题 …………………… 26
　　一、环境污染问题 ………………………………………… 26
　　二、能源需求问题 ………………………………………… 26
　　三、能源供需平衡问题 …………………………………… 26
　　四、能源价格问题 ………………………………………… 27
　　五、能源开发利用方式与工程布局问题 ………………… 27
　　六、技术与方法研究问题 ………………………………… 27
　　七、能源管理问题 ………………………………………… 27
第四节　能源优化配置的方式 ………………………………… 27
　　一、行政机制 ……………………………………………… 27
　　二、市场机制 ……………………………………………… 29
第五节　能源优化配置制度的博弈模型 ……………………… 30
　　一、能源优化配置制度国内外研究现状 ………………… 30
　　二、模型结构及计算流程 ………………………………… 31
第六节　能源优化配置制度存在的问题 ……………………… 43
　　一、当前我国能源配置中存在的问题 …………………… 44
　　二、能源优化配置制度的优化思路 ……………………… 45

第三章　博弈论与能源配置 ……………………………………… 47
第一节　博弈论与能源配置的关系 …………………………… 49
第二节　不同能源配置制度模式下的博弈分析 ……………… 50
　　一、公共产权模式下能源配置的博弈分析（以煤炭为例）……… 50
　　二、全局优化模式下能源配置的博弈分析（以煤炭为例）……… 52

第四章　优化配置视角下的能源定价模型 ……………………… 55
第一节　能源定价回顾 ………………………………………… 58
　　一、能源定价机制需进一步完善 ………………………… 58
　　二、能源价格构成不合理 ………………………………… 60

目录

第二节　能源的定价模型 …………………………………… 62
　一、能源资源成本定价模型 ……………………………… 63
　二、工程成本定价模型 …………………………………… 70
　三、生态环境成本定价模型 ……………………………… 72
　四、全成本定价模型的计算 ……………………………… 73

第三节　煤炭开采及消费对外界的影响 …………………… 75
　一、煤炭开采对生态环境及人体健康的影响 …………… 75
　二、煤炭开采对环境与人体健康的影响 ………………… 77

第四节　煤炭价格政策取向 ………………………………… 78
　一、建立和完善煤炭市场发现价格机制 ………………… 78
　二、建立煤炭成本与价格传导机制 ……………………… 79

第五节　能源阶梯定价的博弈分析 ………………………… 81
　一、能源阶梯定价的博弈模型 …………………………… 81
　二、能源阶梯定价的扩展分析 …………………………… 86

第五章　能源定额管理机制 …………………………… 93

第一节　能源定额及其适用性分析 ………………………… 95
　一、能源定额的概念 ……………………………………… 95
　二、能源定额的分类 ……………………………………… 95
　三、能源定额实施的必要性 ……………………………… 96
　四、能源定额的制定原则和方法 ………………………… 97
　五、国内能源定额操作实践 ……………………………… 98

第二节　能源定额管理机制的建立 ………………………… 99
　一、能源定额管理的概念 ………………………………… 99
　二、能源总量控制与能源定额管理相结合的管理制度 … 100
　三、配额手段在能源配置中的运用 ……………………… 101
　四、国内能源定额的应用构想 …………………………… 104

第三节　跨行业能源使用许可交易 ………………………… 106

第六章　结论与建议 ······ 111
第一节　主要结论 ······ 113
第二节　政策建议 ······ 114
一、理顺政府职能，完善能源管理体制 ······ 114
二、优化产业结构，淘汰落后的高耗能产业 ······ 115
三、加强行业节能管理 ······ 116
四、发挥市场机制作用，建立合理的价格形成机制 ······ 117
五、实施规范的能源定额管理，探索建立能源使用许可有偿转让制度 ······ 118

第七章　山东省煤炭消费总量控制战略 ······ 119
第一节　山东省煤炭消费总量控制的背景与现状 ······ 121
一、山东省煤控规划总体要求和指导思想 ······ 121
二、山东省能源生产和消费情况 ······ 122
第二节　山东省煤控目标设定的原则和方法 ······ 123
一、原则 ······ 123
二、方法 ······ 123
第三节　山东省煤炭消费量的特征分析 ······ 124
第四节　山东省煤炭消费总量控制目标的制定依据 ······ 126
一、大气质量约束 ······ 126
二、水资源约束 ······ 127
三、节能减排约束 ······ 127
第五节　山东省控煤总量及其实施路径 ······ 128
一、山东省2020年控煤目标的设定 ······ 128
二、山东省实现控煤目标的主要途径 ······ 129
第六节　山东省减煤量配额分配方案 ······ 133
第七节　山东省煤炭消费总量控制的保障措施 ······ 135
一、严格实施散煤管控 ······ 135
二、优化用煤过程 ······ 136
三、科学产煤与煤替代同步落实 ······ 138

    四、落实相关激励政策 …………………………………………… 140
    五、健全市场调节机制 …………………………………………… 141
    六、监管考核与追踪落实 ………………………………………… 141

第八章　山东省散煤治理措施与替代方案 ……………………………… 143
  第一节　山东省散煤治理措施——以淄博市为例 …………………… 145
    一、散煤治理的典型办法 ………………………………………… 145
    二、淄博市散煤治理的具体做法 ………………………………… 145
  第二节　山东省农村地区散煤替代方案经济技术性分析 …………… 147
    一、被动式太阳房 ………………………………………………… 147
    二、光伏建筑一体化发电系统 …………………………………… 149
    三、户用沼气 ……………………………………………………… 150
    四、生物质成型燃料技术 ………………………………………… 153
    五、洁净型煤技术 ………………………………………………… 153
    六、分布式能源系统 ……………………………………………… 155
    七、"煤改气"与"煤改电"政策 ………………………………… 155
    八、山东省清洁能源替代散煤供暖案例 ………………………… 157
    九、空气源热泵技术应用 ………………………………………… 159

第九章　山东省重点行业煤控情况分析 ………………………………… 161
  第一节　山东省重点行业煤控状况 …………………………………… 163
    一、目标和挑战 …………………………………………………… 163
    二、煤控效果 ……………………………………………………… 163
  第二节　山东省重点行业煤控主要措施 ……………………………… 165
    一、错峰生产 ……………………………………………………… 165
    二、技术创新 ……………………………………………………… 165
    三、调整工业及能源结构 ………………………………………… 166
    四、建立节能管理体系 …………………………………………… 168

参考文献 …………………………………………………………………… 169

第一章

能源优化配置概述

第一章
能源优化配置概述

能源是人类生存和发展的重要物质基础，能源的改进和更替伴随着人类文明的进步，能源的开发利用推动了世界经济和人类社会的发展。能源既是自然资源，又是经济资源，具有生产资料和生活资料的双重属性；能源既是人类消费生活中不可替代的消费品，工业、农业等一切经济活动不可或缺的投入资源，又是经济可持续发展的重要条件、人民生活质量和生活水平提高以及经济增长的重要保证。

改革开放以来，我国的综合国力迅速提升，伴随着人民生活质量的改善，我国的经济总量也取得了较快增长。但随着我国城市化和工业化的加速发展，不加节制的能源消费引发了严重的生态环境问题。当前，我国能源消费面临的外部约束越来越大，必须采取控制能源消费总量的综合手段，从根本上解决能源消费过快增长的问题，从而促进经济发展方式的转变。

与世界上其他石油资源丰富的国家相比，我国石油地质条件复杂，石油资源埋藏深，勘探开采难度大。截至2018年底，我国石油剩余技术可采储量35.7亿吨，位列全球第十三，石油储量、产量增长潜力有限。其中，东部地区已进入勘探成熟阶段，增储和稳产难度大大增加。西部和海域地区勘探程度低，具有一定的增储、上产潜力，但受勘探开发技术要求高、经济性差、生态环境脆弱等制约，产量具有不确定性。此外，尽管非常规石油储量丰富，但其开发受经济和生态环境约束较大，只能对石油供应起到补充作用。

由于资源、开采技术等因素的制约，我国天然气产量增长放缓。截至2018年底，我国天然气储量6.3万亿立方米，位列全球第七。常规天然气赋存条件差、开采难度大、成本高。包括煤层气、页岩气在内的非常规天然气，虽资源量丰富，但由于勘探开发受限于开采技术等因素，现有产量较小、利用率低。

我国煤炭查明资源储量达1.4万亿吨，基础储量2158亿吨。我国煤炭开采很少选用露天开采，一般选用井下开采，从而导致对生态环境和土地资源的破坏严重，安全生产问题突出。

尽管我国能源资源总量丰富，但由于我国人口数量庞大，与世界上其他国家相比，人均资源占有量很低。我国天然气和石油人均资源量仅为世界平均水平的1/15左右，煤炭资源人均占有量约为世界平均水平的1/2。

此外，我国能源进口风险不断加剧，主要表现在以下两个方面：①能源地缘政治形势复杂多变，我国获取海外能源资源难度加大。世界能源政治已经演变为石油输出国组织（OPEC）、非OPEC油气出口国、IEA和发展中国家油气进口国多方力量互相博弈的局面，大国围绕能源资源的争夺日趋激烈。美国非常规油气开发技术取得突破，"能源独立"使得美国将能源作为实现全球地缘政治战略布局、维护霸权地位的重要手段。美国将我国视为主要竞争对手，导致我国获取海外能源资源面临巨大挑战。②我国当前近80%的进口原油经过马六甲海峡，能源运输通道相对集中，风险较大。

煤炭资源开采会造成地表塌陷，70%的大型矿区都是土地塌陷严重区。煤炭开发导致我国内蒙古、山西、陕西等地生态环境脆弱、水资源严重匮乏；煤炭开采形成的矸石山以及矸石自然排放的有害气体严重影响了周边环境和居民健康。

我国石油资源集中地多属于缺水地区，不规范的石油开发可能影响水资源的保护及可持续利用。原油开采前期的钻井勘探以及开采过程中的注水驱油，不仅会破坏区域天然水循环系统、耗费大量水资源，且原油泄漏可能对地表水、土壤以及地下水等造成污染，间接引起生态退化等问题。石油开采行业水基钻井液冒漏造成的污染最为严重，此外还存在油井喷漏、输油管线泄漏等引起的污染问题。石油开采过程会产生挥发性有机物（VOCs）、二氧化硫（SO_2）、氮氧化物（NO_x）、颗粒物（PM）等多种大气污染物；海洋石油开采与原油海运带来的原油溢出不仅对海洋渔业、养殖业、滨海旅游业、海洋运输业等造成了巨大的经济损失，还破坏了海洋环境，引起海洋生态系统的异常变化。根据中国石油消费总量控制和政策研究项目组估算，中国每年排放到海洋的石油约128万吨。

《BP世界能源统计年鉴》显示，2018年，我国煤炭消费量为37.97亿吨，占全球煤炭总消费量的50.7%，煤炭在我国一次能源消费中的占比为58%。这决定了在未来相当长的时期内，我国以煤炭为主的能源结构难以改变。以煤炭为主的能源结构支撑了我国经济的高速增长，但同时，它也对生态环境造成了严重的破坏。以煤炭为主的能源消费已成为温室气体排放以及造成煤烟型大气污染的二氧化硫、氮氧化物等的主要来源。我国每年大约允许排放1200万吨二氧化硫。但事实上，2018年我国二氧化硫的排放量仍然高达1507万吨。

绿色和平组织与中国疾病预防控制中心的一项研究成果显示：我国氮氧化物、二氧化硫、烟尘和可吸入颗粒物等污染物的排放量位居世界第一。

党的十八大以来，习近平总书记提出要加快转变经济发展方式，实施合理控制能源消费总量政策，从短期、长期以及区域发展层面促进经济发展转型。在应对气候变化的背景下，加强能源高效持续利用，实现社会经济可持续发展，必须对能源消费水平提出总量控制目标，统筹发展速度、产业结构和消费模式，控制能源需求的过快增长，开源节流。优化能源配置成为我国可持续发展的必然选择。

我国城镇化、工业化进程的加快和经济的快速发展扩大了对能源的需求，随着经济增长步入新常态，我国在能源结构、能源利用、管理体制机制等方面面临着诸多问题。形成安全、稳定、清洁、经济的能源供应面临着巨大挑战，主要包括以下三个方面：

第一，能源市场体系不完善，应急能力需进一步加强。

我国人均能源消费量较低，但能源消费总量很大。2018年，我国人均能源消费量约为美国人均能源消费量的32%。由于人口基数大，按照美国人均能源消费标准来计算，我国的能源需求量需在现在的基础上翻倍。

当前，我国化石能源没有形成供需决定的价格机制，能源市场价格信息不灵敏，能源价格未完全反映能源的生态环境成本、能源供求关系和能源资源的稀缺程度，能源市场体系还不够完善。能源监管体制也尚不健全，还需进一步规范能源资源的勘探及开发秩序。我国石油战略储备容量仅约为美国的25%，日本的60%，战略储备能力还需进一步加强。部分区域的农村中低压电网结构不合理，煤炭生产安全历史包袱较重，尤其是起步较晚的煤矿、小煤矿，需要不断完善和加强预警应急体系，以便能有效应对重大突发事件和能源供应中断等危机。

第二，传统制造业粗放发展导致工业能源资源消耗高、能源利用率低。

我国工业增加值占GDP比重的40%左右，但工业能源消费量占全国能源消费总量的比重仍然高达70%左右。工业和信息化部发布的《工业绿色发展规划（2016—2020年）》明确提出了"十三五"期间，规模以上工业企业万元 GDP 能耗下降 18% 的目标。部分大企业通过节能减排技术改造显著提升了其能效水平，但中小企业工艺装备普遍落后，能效水平相对较低，污染物排放量小面广。我国工业经济增长迈入新常态后，部分高耗能行业产能过剩问题突出，节能减排内生动力不足。

第三，优质能源资源相对不足，能源资源配置率较低。

优质化石能源资源相对不足，加之能源资源分布不均，极大制约了我国化石能源的供给能力。长期以来，粗放的经济增长方式使得我国万元 GDP 能耗以及主要工业产品能耗高于发达国家，进一步对化石能源的供应产生压力。由于政府没有及时退出市场，我国形成了能源区域市场分割局面。能源区域市场分割有效保护了国有能源企业，但它改变了区域企业所有制结构分布，导致能源资源错配，影响了能源市场的统一和资源优化配置。另外，对于监管不到位以及大型能源国企的低效率问题，政府必须积极稳妥地推进市场化改革，推动能源资源配置实现效益最大化。此外，能源资源开发利用缺少规划，能源资源缺乏充分有效的利用和保护。由于没有将生态环境成本内部化，能源价格尤其是煤炭价格偏低，不利于能源的优化配置。这些问题对我国经济社会造成了极大的不利影响，能源紧缺已成为制约经济社会可持续发展的瓶颈。

为应对能源短缺，一方面，要坚持节约能源，构筑稳定、经济、清洁的能源体系；另一方面，要在保护生态的基础上加强电网建设，扩大西电东送规模。实行油气并举，增强石油战略储备能力，稳步研发石油替代产品。2015 年 3 月，国务院发布《关于加强节能标准化工作的意见》，要求"到 2020 年，80% 以上的能效指标达到国际先进水平""加快制修订强制性能效、能耗限额标准"。

从总体上看，我国目前还未形成应对气候变化背景下的生产方式和生活方式，未完全实现由"以需定供"向"以供定需"的转变，能源节约的成效正被不断增加的更大的能源需求消蚀掉。在全面建设生态文明、加快经济高质量发展的背景下，改变现有的生产生活方式、实现能源的总量控制、建立能源的优化配置机制，对打赢蓝天保卫战、积极应对气候变化、保障国家能源和经济安全具有重要现实意义。

第一节　能源优化配置的主要内容

能源优化配置是指在遵循有效性、公平性和可持续性的原则下，按照经济规律、能源特征和配置准则，对有限且不同形式的能源，通过工程和非工程措施在各用能对象之间进行的科学分配。

能源优化配置的内容十分广泛，主要涉及以下几类问题：①社会经济发展问题。探索可行的社会经济发展规模和发展方向，谋求合理的产业布局和能源产品需求。②能源开发利用方式与工程布局问题。包括能源开发利用评价、能源供给结构分析、能源利用量分析、规划工程可靠性研究、各类规划工程的合理规模及建设次序研究。③能源供需平衡分析问题。开展不同的能源开发和经济发展模式下的能源供需平衡分析，确定能源供给范围和能源提供量，以及主要用能单位的使用量、保证率、能源构成等情况。④能源需求问题。分析现状条件下的各类能源使用结构、利用效率以及提高能源效率的主要技术和措施，分析预测未来不同条件下的能源需求量。⑤环境污染问题。评价环境质量现状，研究工农业能源使用造成的环境污染程度，制定合理的环境保护和治理标准，分析各经济部门在生产过程中各污染物的排放率及排放量，预测各主要污染物的浓度和环境容量。⑥能源价格问题。研究能源供给不足造成的国民经济损失，测算能源的"影子价格"，研究能源价格的制定依据，分析能源价格对社会经济发展的影响，以及对能源需求的抑制作用。⑦能源供给的效益问题。分析各种能源开发利用所需的投资及运行费用，根据能源的特点进行效益分析，包括工业效益、生态环境效益等。⑧能源管理问题。研究与能源优化配置相适应的能源科学管理体系，包括建立和实施科学的管理机制和管理手段，制定有效的政策法规，确定合理的资源费用、能源价格制定标准和实施办法。⑨技术与方法研究问题。如评价模型、模拟模型、优化模型的建模机制及建模方法，管理信息系统的开发及 GIS[①] 的应用等。

本书基于能源优化配置的视角，将实现能源总量控制的机制以及实现这些机制的制度和组织作为研究对象，主要包括能源配置的社会经济发展问题、供需平衡分析问题、能源需求问题、能源价格问题、能源管理问题等。

能源消费总量控制是指围绕能源分配，由能源主管机构遵照一定的管理模式，综合运用行政、市场等手段，为实现经济可持续发展，将稀缺能源分配给用能主体的运作体系。优化配置视角下能源总量控制的研究内容包括化石能源资源开发体制，以及能源全成本价格、能源定额和配额、能源许可交易等配置手段。要研究能源总量控制，首先要对我国能源供需状况进行深入分析，包括能源供需的历史情况和现状、供需的结构和数量分布以及存在的问题。无论使用工程手段还是非工程手段，能源配置都是在能源供给主体和客体间进行的，由于化石能源企业的国有性质，能源供给的主客体相互作用要通过能源主管机构统一协调组织，因而，一套科学合理的能源管理体制就成为实现能源优化配置目标的重要保证。配置手段是管理模式发挥有效作用的工具，本书的研究范围是非工程手段，即经济手段，主要包括行政手段和市场手段，实践证明，要实现能源优化配置目

---

① GIS：Geographic Information System，地理信息系统。

标，需结合使用这两种手段，两者缺一不可。

第二节 能源优化配置的目的

能源短缺主要是由人类对能源的开发利用不当导致的。能源的掠夺性开发以及粗放型能源消费模式是导致能源消费总量居高不下的重要原因。因此，优化配置能源资源开发、加强能源使用管理、提高能源利用率、合理控制能源消费总量成为保护能源的必然选择。

本书基于能源优化配置的视角，以能源利用效益最大化为目标和约束条件开展能源总量控制问题研究，以习近平新时代中国特色社会主义思想为指导，基于资源经济学和系统科学、管理学和新制度经济学等基本理论，兼顾公平与效率原则，根据能源产权的特点，采取定性和定量相结合的方法，重点研究了以下五方面的内容：一是根据不同发展状况，对我国能源供给量、经济和社会发展对能源的需求量进行了分类及均衡分析，对生态环境约束下的能源消费从不同层面和结构进行深入研究，为建立能源优化配置机制奠定基础。二是以不同参与主体博弈过程和能源优化配置制度为研究对象，对生态环境约束下的能源资源开发进行博弈分析，以求在微观层面为我国能源市场化提供理论指导。此外，对能源管理模式进行了探讨，重点分析了能源定额和配额制度，以及能源使用许可交易的运行机制。三是对能源价格形成机制进行深入分析，构建全成本能源价格模型，为我国制定符合产业结构调整、分行业的能源阶梯价格提供了可量化分析的理论模型，并利用博弈论方法对能源优化配置中能源阶梯价格的合理性进行了论证。四是基于能源产权理论，对我国不同行业间能源定额和配额，以及能源使用许可交易的配置机制进行研究，重点对农业以及工业内部的能源使用许可交易等问题进行了研究。五是利用上述研究的理论成果，结合我国经济可持续发展和产业结构调整的需要，对合理控制能源消费总量的总体思路、基本原则以及系统框架进行了分析。以山东省为例，基于大气污染治理、水资源总量控制和节能减排三大红线约束，对山东省煤炭消费总量控制目标，以及各地市与重点行业的煤炭减量分解方案进行了深入分析，为中国其他高耗煤省份制定煤炭消费总量控制目标与煤炭减量方案提供了借鉴和决策依据。

第三节　能源优化配置的研究方法

一、案例分析法与观点综合法

案例分析法是制度分析中最有效的方法之一，它可以有力地对理论加以证明。简单来讲，制度分析法就是将从案例分析法中提炼出来的理论在更大的空间、更长的时间、更广的范围中进行检验，最后使其上升为一般理论。经验研究是制度分析理论思路的突出特点，能够将相关案例在经验层面上具体化，以体现不同制度的经济分析理论。

观点综合法是研究经济社会现象的基本方法，研究能源总量控制问题也应采取观点综合的方法。问题分析法是观点综合法的前提，所谓的问题分析是指运用管理学、经济学、社会学的知识，透视、分析、理解社会现象，揭示社会现象的内在动因，并为干预社会现象发展的政策设计或制度安排提供基础。观点综合法是在问题分析法的基础上，以高屋建瓴的战略方式总体把握问题的全貌，避免分析问题时得出片面性的局部结论。

在能源总量控制的理论与方法研究中，观点综合法和案例分析法相互补充、相互作用。

二、规范研究法与实证分析法

规范研究法与实证分析法是经济学研究的基本方法。规范研究法是指以一定的价值判断为基础，以某些标准作为分析问题的尺度，形成制定经济、社会政策的依据。规范研究法是进行分析的前提，本书对能源资源开发的制度安排、能源全成本定价、相关政策取向的论述使用了规范研究法。

实证分析法，即实际考察或分析现实经济现象和社会问题的方法。通过处理相关定量资料和定性资料，证伪或者证实假设。本书通过实证分析法来分析我国能源供需状况和能源消费结构。

三、宏观分析与微观分析

能源总量控制属于宏观分析，本书通过建立能源总量控制机制来研究实行能源总量控制需满足的目标和约束条件，以及其管理制度是否符合能源资源开发的最优判别条件。此外，本书还对我国能源总量控制的创新管理手段及其实现方式进行了探讨，以求在宏观层面上为我国能源管理体制改革提供理论上的指导。

对能源优化配置管理方式（包括能源全成本定价、能源阶梯定价、能源定额等）的研究则属于微观研究，主要对政府宏观管理下的能源资源开发与能源管理方式进行分析。宏观研究和微观研究的结合，可以为我国能源总量控制手段创新提供更加有效的指导。

四、博弈论分析法

博弈论分析法是指某个组织或个人，面对一定的环境条件，在一定的规则约束下依靠所掌握的信息，实施各自选择的行为或策略，并从中取得相应结果或收益的方法。

本书所涉及的博弈参与者包括能源主管机构、能源资源开发企业和各用能企业。能源主管机构制定能源产业政策、优化调整产业结构，其目的是节约能源、降低财政补贴。尽管能源主管机构可以不明确规定能源的价格，但必须对能源供给企业拥有制约权，能够决定对其提供财政补贴的数量和方式。能源资源开发企业根据市场化改革的要求，一方面需考虑市场需求，另一方面需考虑政策约束。其目标是在满足市场需求和特定政策约束条件下，决定能源供给量，使利润最大化（成本最小化）。

能源是经济增长的生命线，我国目前仍处于工业化发展时期，但能源生产和消费总量已跃居世界首位。高强度的能源资源开发引发了严重的生态环境问题。与此同时，以煤为主的化石能源大量消费导致了严重的环境污染问题，包括碳排放在内的生态环境约束已成为我国化石能源消费的强约束。因此，必须对我国能源消费水平提出总量控制目标，统筹发展速度、产业结构和消费模式。我国能源消费的总量控制问题因其急迫性与复杂性，已成为当前研究的热点问题之一。解决能源短缺有两条途径：一是技术创新，二是制度创新。如果缺乏相应的激励机制，能源使用主体的内在激励动力不足，就会出现能源技术创新失灵，因此，单靠技术创新无法解决效率问题。

现有化石能源的开发未得到优化是导致生态环境被严重破坏的重要原因之一。在日益趋紧的环境约束下，由于没有将化石能源生态环境成本内部化，化石能源价格偏低，产业间能源配置难以得到优化，只有通过能源资源开发以及能源管理制度的创新，才能从根本上有效解决化石能源资源开发中的生态环境破坏问题以及能源消费的总量控制问题。由此也引出了本书对两个问题的重点讨论：一是在宏观层面上，能源资源开发的优化制度应该是什么样的；二是在什么条件下能源总量控制制度是有效率的。本书试图从宏观层面和微观层面为能源总量控制提供政策建议和理论根据。

第二章

能源优化配置机制的博弈分析

第一节　能源的分类及特点

目前，学术界约有 20 种能源的定义。我国的《能源百科全书》中，对能源做了以下解释：能源是可以直接或经过转换间接提供动力、光、热等能量形式的载体资源，是可以为人类提供某种能量的物质资源，是可以互相转换的能量源泉。能源也称能源资源或能量资源。能够直接取得或者通过加工、转换取得的各种形式的能量资源，包括一次能源（原油、煤炭、水能、煤层气、风能、生物质能、核能、地热能、太阳能等）、二次能源（成品油、热力、电力等）、可再生能源以及其他新能源。

按照能源的来源，可将能源分为三类：第一类，其他天体与地球相互作用而产生的能量；第二类，地球本身蕴藏的能量，如地热能等；第三类，来自地球外部天体的能源（主要是太阳能）。

根据能源的基本形态，可将其分为一次能源和二次能源。一次能源是指在自然界存在的能源，如石油、煤炭、天然气等。一次能源又分为非再生能源和可再生能源；二次能源是指加工转换一次能源产生的能源产品，如各种石油制品、煤气、电力等。

根据能源的产生方式，可将其分为人工能源和天然能源。人工能源是指由天然能源直接或间接转换成其他种类和形式的能量资源，例如柴油、汽油、煤气、沼气、电力、激光、洁净型煤和焦炭；天然能源是指自然界存在的没有经过转换或加工的能量资源，主要包括煤炭、石油、天然气和可再生的水力资源。除此之外，天然能源还包括核能、太阳能、风能、生物质能、地热能、海洋能等可再生能源。

根据能源消耗后是否造成环境污染，可将其分为清洁能源和污染型能源。污染型能源包括石油、煤炭等化石能源；清洁能源包括太阳能、核能、风能等。

根据能源的性质，可将其分为非燃料型能源和燃料型能源。人类利用能源是从用火开始的，最早的燃料能源是木材，之后是各种化石燃料，如泥炭、煤炭、石油、天然气等。当前，被研究利用的新能源包括风能、潮汐能、地热能和太阳能等。地球上化石能源的储量有限，铀和钍有可能提供未来世界所需的大部分能量，人类如果能够掌握成熟的核聚变技术，将获得无穷无尽的能源供应。

根据能源的使用类型，可将其分为常规能源和新能源。常规能源是指技术上比较成熟、使用比较普遍的能源，主要包括煤炭、石油、天然气以及水力资源；新能源是指正在着手开发或者新近利用的能源，包括生物能、地热能、风能、海洋能、太阳能、氢能等。新能源通常是可再生能源，是未来重点发展的主要能源。当前，世界各国日益重视环境保护、倡导节能减排，纷纷出台了鼓励新能源发展的措施。技术进步使得新能源发电成本下降，但由于新能源基数较低，在能源消费结构中占比较小。从发电量来看，2017年前三季度，我国燃煤发电量占总发电量的71.84%，而风电、光伏的发电量仅占总发电量的6.21%。风电、光伏替代燃煤发电的空间巨大，由于新能源成本逐步接近甚至低于传统能源，能源替代正在加速推进。

按能源的形态特征或应用与转换层次，可将其分为液体燃料、气体燃料、固体燃料、电能、核能、水能、太阳能、风能、地热能、海洋能和生物质能。其中，前三类统称化石燃料或化石能源。当前，化石能源为人类提供了所需能量的80%以上，是人类社会发展不可或缺的资源。但随着工业化社会的快速发展，以及人类对化石能源大量的开采和消耗，化石能源日趋减少，且化石能源的消费对环境造成了日益严重的污染。在全球应对气候变化背景下，确保化石能源最优化持续利用已成为人类经济社会发展的重大课题。

总体上看，化石能源具有以下三大特点：

一、不可逆性

化石能源的开发利用具有不可逆性。众所周知，煤炭、石油、天然气等能源的储量是有限的，其不可再生性决定了化石能源使用机会的有限性。因此，人类必须在既定的生态环境约束下充分利化石能源。由于石油化工以及煤化工的主要原料来自煤炭、石油和天然气，这些化工原料不能从可再生能源中获取，所以，从化工原料角度看，可再生能源不能完全替代化石能源。

二、不确定性

化石能源开发利用存在着不确定性，难以准确预见现实决策对未来的影响。例如，尽管我们可以平衡原油的生产与销售，调节石油市场供需，并对石油生产能力、技术和资源存量进行准确的预测，但我们无法了解后代偏好，也无法准确预测未来市场对石油的需求，石油等化石能源在未来开发利用和保护中的不确定性，可能会导致难以预料的环境问题。

三、不可回收性

化石能源的不可回收性使化石能源的耗竭速度比其他资源快得多。化石能源在使用后往往会转化成难以回收利用且破坏环境的废弃物，对环境造成巨大压力。

化石能源的耗竭性、不可回收性、不可逆性和非确定性，决定了其唯一性。考虑到化石能源的开发利用特点和这些特殊属性，对能源的管理必须做到以下三点：第一，在能源价格可接受、能源分配公平和保障能源安全供应的前提下，实现化石能源利用效益的最大化。第二，化石能源管理须追求能源安全，即以可承受的代价获得经济与社会发展所需的足够能源供应。这里所提到的能源安全包括两个方面的内容。其一，稳定的能源供应，即满足国家生存和发展需要的能源供应保障程度，主要包括确保能源供应、能源战略储备、能源可持续利用。其二，能源使用的安全性（生态环境安全性）。能源使用要做到清洁环保，确保能源消费及利用在环境的可承载范围内，不应对人类生存环境构成威胁。第三，能源管理的社会可接受性和公平性也需要重点关注，能源的价格要在社会大众的承受范围之内，解决城乡低收入群体的"能源贫困"问题。

第二节 能源优化配置的相关内容

一、化石能源的不可再生性

化石能源的不可再生性决定了化石能源的稀缺性。就人类存在的历史而言，相对于化石能源的形成时期，我们通常把化石能源看作不可再生资源。

从本质上看，可再生资源与不可再生资源之间不存在差别。不可再生资源强调资源的"过渡性"以及"租金"的变化；可再生资源强调资源的

"动态过程",即资源是可以流动的。可以将不可再生资源视为可再生资源的特例,例如印度尼西亚的森林资源,本身是可再生资源,若过度砍伐,就会使其变成不可再生资源。不可再生资源则不会再变成可再生资源,可逆的性质转变是需要特定条件的。在既有产权结构下深入研究可再生资源动态演进的"过渡过程"是有意义的,但在现有的勘探开采技术条件下,作为不可再生能源的化石能源(煤炭、石油、天然气等)的资源量是既定的。与传统资源经济学将资源分为可再生资源、不可再生资源的分类视角不同,有学者提出了独有的自然资源分类方法,提出资源的技术特性、产权制度、定价机制等因素共同决定了资源的可再生性。其主要观点是:在最优开采计划及市场定价机制下,可再生资源必须满足稳定状态下资源的市场价格要低于替代品价格;将"可替代资源"定义为,达到稳定状态之前,资源的市场价格高于替代品价格,可耗尽资源是可替代资源的一个特例。换句话说,如果一种资源消耗使得该资源的市场价格在达到稳定状态时仍然小于替代品的价格,在最优开采计划及由市场结构决定的定价机制下,该自然资源是"可再生资源"。此时,资源的可再生性不仅依赖于资源的技术特性,还取决于产权制度与定价机制等因素。如果在达到稳定状态前,资源价格已经上升到替代品的价格,则该资源在该开采计划中是可替代资源,可替代资源的一个特例是"可耗尽资源"。

二、化石能源的代际公平

美国国际法学者爱迪·B. 维丝在1984年首次提出了代际公平的概念。代际公平是可持续发展原则的一个重要内容,主要是指当代人为后代人的利益保存自然资源的需求。罗尔斯对代际公平的理解则强调正义储存原则(Just Savings Principal),即在保持正义制度完好无损的前提下,在既定的时间内,每代人要储存适当的积累资金。可持续发展的基本原则包括持续性、公平性、共同性、区域性以及协调性，其中公平性居于首位，而且其他原则也体现了代际公平。

"代际"概念除表示上代人与下代人的关系外，还表示不同利益主体间的关系。可持续发展理论强调可持续发展必须体现出代际协调，必须满足后代人的需求；后代人的需求与当代人的需求同等重要。

传统经济学视角下，可持续发展的代际关系包括两个方面的含义：第一，可持续发展下的代际关系是"帕累托改进"的代际关系；第二，如果存在上代人对下代人利益的损害，按照帕累托改进标准，当代人必须对后代人的损害进行补偿，只有当代人的净收益有剩余，才可以保持可持续的代际公平。

化石能源具有多种价值，是人类最基本的财富。如果经济增长以过度消耗化石能源为代价，造成化石能源存量的快速减少，经济增长的物质基础就会被削弱，人类福利水平也会随之下降。当前人类已经破坏了化石能源的代际均衡，损害了后代人长期发展的物质基础。因此，必须采取措施以实现代际化石能源公平均衡分配，缓解代际矛盾。

对生命系统的支撑是自然资源的重要功能，可持续发展的实质是实现自然资源的良性循环，使自然资源的耗竭速度小于其更新速度。可持续发展的根本要求是自然资源的代际转移，由于当代人是自然资源的掌管者，由当代人确定的自然资源利用贴现率难以反映后代人的需求，不能体现出化石能源的代际公平原则。只有使自然资源的再生速度大于其耗竭速度，才能够实现化石能源的可持续性，化石能源的"外部不经济"特性决定了必须对其采取加速折旧的补偿办法。

传统功利主义要求决策行动必须满足现实利益最大化，"正义储存原则"能够实现资源分配的代际公平，决策者制定并实施的日常性政策必须符合这一原则，即当代人的决策行为符合当代人和后代人的利益诉求，实施有利于实现代际公平的社会政策。市场失灵的一个表现就是市场难以确保代际社会公平，必须由政府对市场进行干预，实施有利于代际均衡的宏观公共政策。当我们越来越依赖煤炭、石油等化石能源时，尽管勘探、开采等技术的进步令化石能源储量和可开采量有所增加，但在某种意义上，这也会使地球内部的化石能源更为迅速地被提取、消耗，加剧了化石能源的稀缺。化石能源地理分布的不均衡使能源资源赋存丰富的国家拥有更多的能源话语权。石油输出国组织（OPEC）就是一个通过统一制定宏观政策干预国际石油价格的例子。OPEC组织根据当前石油价格确定各国的石油配额从而规定其石油生产量，通过石油配额影响石油价格。

三、经济可持续发展

从本质上看，经济可持续发展蕴含在可持续发展的经济学分析中，国内外学者在可持续发展的基础上，对经济可持续发展的概念进行了明确界定。英国经济学家巴比尔从经济学视角对经济可持续发展的概念进行了界定：在保持自然资源质量和数量的前提下，最大限度地增加自然资源的经济净收益。这一概念强调把生态环境污染的补偿费用于生态环境的恢复建设，在保持自然资源数量和质量的前提下，最大化经济净利益。

1993年出版的《世界无末日》一书中，英国经济学家皮尔斯和沃福德将可持续发展定义为：未来实际收入不应因资源耗费而减少，或经济发展要在自然资本不变的前提下进行，抛弃以牺牲资源环境为代价的经济增长方式，在保持已有环境质量和自然资源的基础上实现经济增长，既确保当代人的福利，又不损害后代人的福利。

经济可持续发展的定义包括两个基本点：一是在经济发展过程中，当代人不可避免地消耗一定质量和数量的自然资源；二是必须将当代人与后代人经济发展的需要置于同等地位，使其拥有均等的福利、资源基础和发展机遇。

为了实现经济可持续发展，必须正确处理当代经济发展与后代经济发展的关系，以及经济发展与保护资源环境的关系。就经济发展与资源环境的相互关系看，不能只强调一个方面，而是应该把经济发展与保护资源环境有机地结合起来，实现经济的可持续发展。从当代人与后代人的经济发展关系上看，对于广大发展中国家，尤其是低收入国家，解决当代人的经济增长问题，确保其生存与福利更为重要。

经济可持续发展在客观层面要求经济增长需以自然资源为基础、与环境承载能力相适应。经济可持续发展强调在经济发展过程中永续利用资源和环境承载能力的必要性。如果一段时期内人口持续增长，同时还要保证生活质量的提升，在技术水平等条件不变的情况下，经济可持续发展要求自然资源必须保持相应的增长。在人口零增长的假定条件下，如果后代拥有与当代同样的福利产出，则经济可持续发展意味着后代与当代拥有同样的资源基础。

经济可持续发展的目标是提高人民生活质量，满足人们的物质、精神和生态需要。实现公平与效率的统一是经济可持续发展的内在要求。公平主要指有同等的机会积累财富或分配资源；效率是指资源的有效配置和使用。经济可持续发展中的公平与效率应是高度统一的。一方面，机会均等意味着人人有机会，从而提高了生产积极性和生产效率；另一方面，效率和生产力的提高为公平分配资源提供了物质基础。

经济可持续发展要求在保持已有自然资源以及环境质量的前提下追求经济增长，不能超过环境和资源的承载能力，这是经济可持续发展的实质要求。经济可持续发展要求经济系统与生态环境相协调，生态环境系统与经济系统之间进行着复杂的物质与能量交换，包括由环境与服务能力的再生产过程和环境要素利用支撑的经济生产过程，人类社会经济的发展就是生态环境系统与经济系统相互交替、循环往复的生产过程，我国作为中高等收入经济体，必须以结构升级为重点任务，充分实现经济可持续发展。

四、能源与经济可持续发展的关系

与其他自然资源相比，能源资源系统直接关系到社会经济发展以及人类的生存。在由"环境—人口—经济—资源"构成的经济可持续发展的复杂社会中，能源资源系统处于基础而重要的地位。

能源资源的时空分布状况直接影响工业、城市和农业的发展。化石能源供给短缺会在某种程度上对钢铁、化工等高耗能行业的正常生产造成严重影响。

能源是人类赖以生存的保障，能源资源的开发利用关系到人类生存。能源需求是缺乏弹性的，能源供给必须适应人口的增长，只有在满足自我生存需要的能源前提下，才能实现社会经济的可持续发展。

能源资源开发利用是影响生态环境的关键因素。化石能源尤其是煤炭的过量开发会诱发地面塌陷、土地沙漠化及地面沉降等环境问题。

能源资源是其他自然资源开发利用的物质基础，也是社会经济发展的物质基础，处在重要的战略地位。能源的可供量是经济发展规模以及人口数量增长的重要制约因素。随着我国经济发展和城市规模的扩大，化石能源消费已成为影响大气环境的主要因素，只有采取措施对我国能源总量加以控制，实现环境、人口、经济、资源间最大程度的协调统一，社会可持续发展得以实现。

产业结构受很多因素的制约，除科技水平、消费结构、市场需求等因素外，能源也是制约产业结构的重要因素之一。由于能源资源禀赋的不同，不同国家或地区形成了不同的产业部门。此外，产业结构类型也受能源数量、质量以及品类的影响。

能源在很大程度上影响着劳动生产率的高低。劳动生产率是由多种因素决定的，其中包括科技在工艺上应用的程度、生产规模和效率、工人平均熟练程度、能源质量以及与生产过程的社会结合等。一般来说，即使人们付出了等量劳动，在其他条件相同而能源优劣不同的情况下，劳动生产率也是不同的。

第三节 能源优化配置需解决的关键问题

经济可持续发展条件下的能源优化配置的研究内容十分广泛，主要涉及以下几大类问题：

一、环境污染问题

制定合理的治理标准和环境保护标准，研究工农业生产所造成的环境污染程度，分析在生产过程中，各经济部门污染物的排放总量及排放率，预测主要污染物的环境容量和浓度。

二、能源需求问题

研究能源利用效率、使用结构，研究提高能源效率的措施和主要技术，分析并预测不同条件下的能源需求量。

三、能源供需平衡问题

对不同工程开发模式下的能源供需平衡进行分析，确定能源工程的可供量和供能范围及各用能单位的能源构成、能源缺口、供能量、保证率及能源分布等情况。

四、能源价格问题

对能源需求受能源价格的抑制作用,以及社会经济发展受能源价格的影响进行分析。

五、能源开发利用方式与工程布局问题

分析已有能源供给结构、能源利用量、规划工程的可靠性、规划能源工程的建设次序及合理规模。

六、技术与方法研究问题

优化模型的建模机制及建模方法,管理信息系统的开发。

七、能源管理问题

建立与能源优化配置相适应的能源科学管理体系,包括确定合理的资源费及其计收标准,制定有效的政策法规和实施办法,建立和实施科学的管理机制和管理手段。

第四节 能源优化配置的方式

一、行政机制

行政机制反映了市场经济发展的内在要求,即通过政府对市场实施适度的干预。从理论上说,政府干预的范畴包括所有影响经济主体行为的政府行为。在市场经济条件下,规范经济主体行为的主要方式是政府干预,

其目的是改善、补充或者纠正市场缺陷，干预手段包括法律、规制和规则制度等。

1. 收入分配不公需要政府来调节

由于收入不同，不同的消费者在市场中很难获得平等竞争的机会。为改善这一状况，政府需要采取税收政策、社会福利政策等，担负起收入平等化的职责。

2. 垄断或不完全竞争需要政府干预

当出现垄断或不完全竞争时市场就会失灵，就会出现产品价格过低或者过高的情况，社会产出将从生产可能性边界转移到边界内部，损害经济的有效性。想要解决垄断或不完全竞争所产生的低效率问题，就需要政府干预。

3. 经济外部性需要政府来解决

经济外部性是市场非效率的主要原因，是指个体或企业生产和消费给其他主体造成收益或损失的现象。尽管当事人的行动有损于或有利于他人的利益，但由于外部性没有纳入当事人的决策中，从社会整体角度看，只能由政府通过制定法律规则等对外部性进行干预。

4. 公共物品需要政府来提供

市场失灵使得市场难以有效提供公共物品，使社会的经济活动受到影响，因此，只能由政府承担起提供公共物品的职责，这是政府干预经济活动的重要原因。在公平和效率的原则下，政府行政手段能够满足主要产业的能源需求、消除能源贫困，但在经济机制、能源价格以及目标协调等方面，通过行政手段进行能源分配容易造成能源浪费、能源工程造价过高等问题。

二、市场机制

政府干预不当或干预过多会造成资源配置失效,即我们常说的政策性失效。

尽管理论上已有社会福利函数的概念和公式,但实践中难以操作。市场具有合成个人效用和偏好的能力,通过市场机制可以将无数社会成员的个人偏好合成社会偏好,而政府机构中的工作人员受信息不完备的制约,往往很难通过政治程序将个人偏好合成为明确、单一的社会偏好。

如果法律规章不严厉、政策措施不严格,加之政府工作人员在政策执行过程中追求自身利益,那么政府实施的管制以及颁布的命令等就会成为少数人牟取私利的手段,无法达到干预政策的预期效果,从而导致政府干预失效。

在实施政府干预时,政府必须遵循收益大于成本的原则,将干预的范围限定在修补市场缺陷范围内。从本质上看,政府干预是一种经济活动,有成本也有收益,只有在收益高于成本时,政府干预才有意义。政府干预的收益往往难以精确测量,只能通过使用效率和资源总体配置效率体现。政府干预收益往往会被夸大,导致增加了很多不必要的成本。

市场机制是实现能源优化配置的基础,通过内在化外部性问题、产权安排有偿使用能源,达到能源配置公平、高效,实现可持续利用能源的目的。在技术进步的前提下,只要政府清晰界定能源产权、解决公共物品和外部性问题、按照市场规则交易能源,能源配置就能接近帕累托最优。如果只有市场机制起作用,就会导致能源配置的代际不公,必须依靠政府规制建立和完善能源的产权制度,发挥"看不见的手"和"看得见的手"的作用,实现能源的可持续利用。

计划经济时期,我国主要通过行政手段指令式配置能源,严重扭曲了能源价格，造成市场失灵和政府失效。随着社会主义市场经济的成熟完善，我国形成了以市场机制为主体的能源分配方式，但化石能源作为"准公共物品"，不能完全采用市场机制来配置，只有政府宏观调控下的市场机制才能实现其有效配置和可持续利用。

第五节 能源优化配置制度的博弈模型

一、能源优化配置制度国内外研究现状

关于能源的优化配置问题，国内外学者从不同的角度做了深入研究。自20世纪70年代开始，国内外的学者和有关研究机构就开始关注能源问题。我国化石能源需求持续增长，在全球应对气候变化背景下，生态环境约束成为制约我国能源供给的突出问题，另外，尽管我国制造业主要产品、交通运输以及建筑行业的能源利用效率有了很大提高，但与国际先进水平相比，仍有一定差距。据BP发布的《BP世界能源统计年鉴》（2019），我国单位GDP能耗高于世界平均水平48%。

我国以化石能源消费为主，如何优化配置能源，走一条既符合中国国情，又与国际先进水平看齐的可持续发展的能源道路成为急需解决的重要现实问题。未来20年是中国经济实现转型发展的战略期。生态环境约束下的能源开发利用是制约经济发展的重要因素，应综合运用管理科学和系统科学理论的分析方法来剖析资源管理问题，建立能源优化配置体制机制，实现能源可持续发展，以系统效益最优为目标进行能源资源最优配置，达到资源最优。

从总体上看，当前我国能源研究着重于理论探讨，定性分析较多，定

量分析通常也只是以传统建模技术为基础,从某个侧面进行分析,且以应用和解决当前实际问题的研究为主,而运用定量分析方法对能源优化配置与对策进行的科学、系统且具有普遍性的研究相对较少,缺乏对能源优化配置理论与对策共性问题的系统深入的基础性研究。

二、模型结构及计算流程

根据本书研究的需要,我们将能源配置模型划分为两个部分进行讨论:第一部分是制度有效性判别模型;第二部分是制度设计模型。

1. 制度有效性判别模型

制度有效性判别模型采用实证分析的方法,将能源配置概化为完全信息的动态博弈问题,具体指在不同地区能源使用博弈过程中,各地区完全掌握其他地区的实际用能行为和状况,不再将制度视为一个外生的、固定不变的参数,而是将其视为一个重要的变量。

2. 制度设计模型

制度设计模型是根据制度有效性判别模型计算得出的主要结果,计算现有制度模式下的能源使用的净收益,通过全局优化模式下的能源净收益,计算两种制度模式下的机会成本,获得最大制度外利润,采用博弈论研究方法,将能源配置问题概化为合作博弈问题。

3. 计算流程

以煤炭为例,能源优化配置的计算流程如图 2-5-1 所示。模型流程图中相关功能框说明如下:

(1) 煤炭资源总量的确定

根据我国煤炭资源综合规划等预测报告获取煤炭资源总量,煤炭资源总量是模型中赖以分配的煤炭资源量。

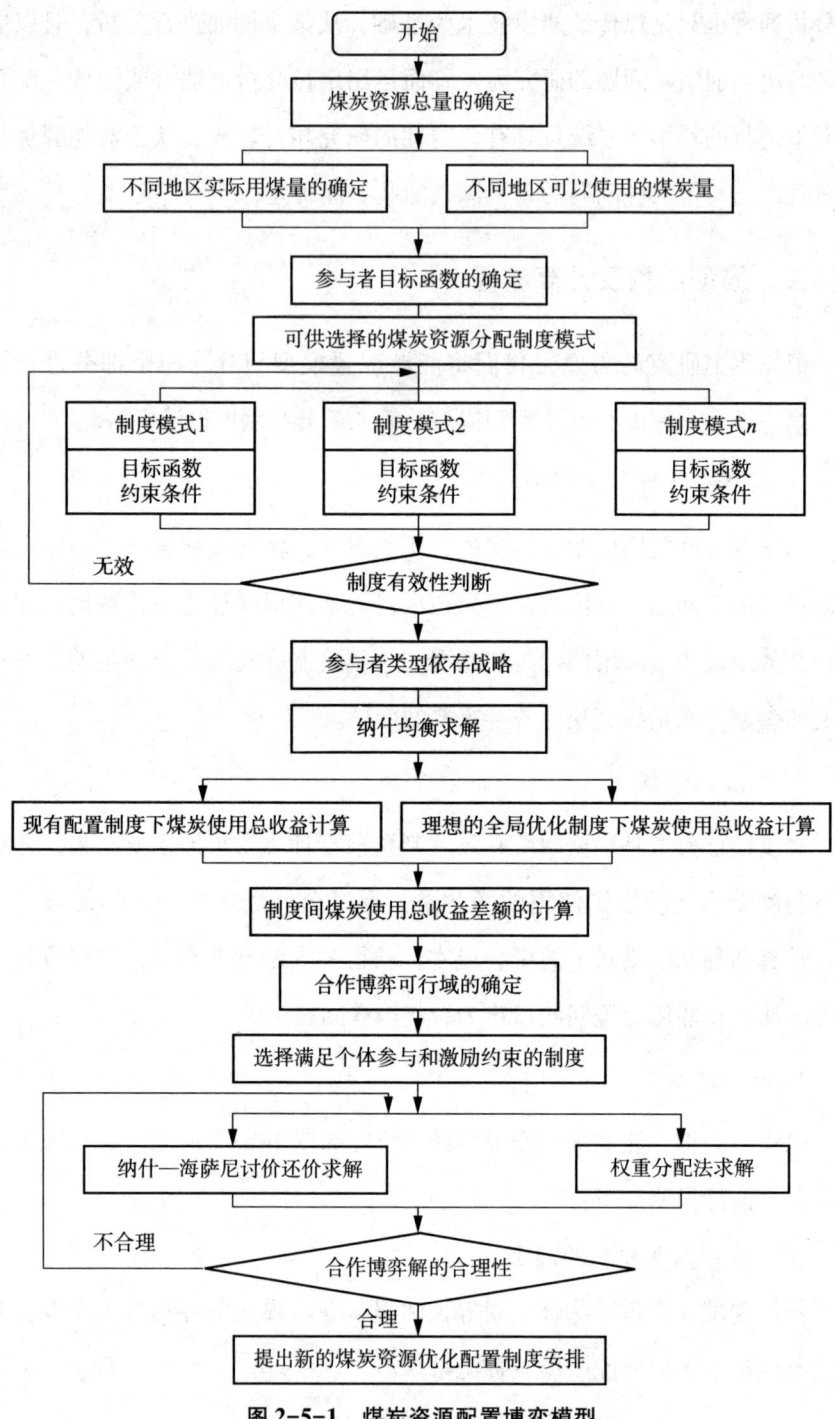

图 2-5-1 煤炭资源配置博弈模型

(2) 不同地区实际用煤量的确定

不同地区煤炭实际消费量是指各地区农业、工业和第三产业煤炭实际消费总量，包括居民生活煤炭消费量。按照产业政策，煤炭消费量由煤炭资源管理机构分配给农业、工业、第三产业以及居民，结余煤炭量可以通过产权交易分配给其他地区。

(3) 参与者目标函数的确定

假定模型的参与者靠近煤炭产地的地区 1，远离煤炭产地的地区 2 和煤炭资源管理机构。不同地区用煤（主要指农业、工业、第三产业及居民生活用煤）的目标函数是指煤炭全成本价格等于煤炭消费的边际收益。煤炭资源管理机构的目标就是制定煤炭消费管理制度，在满足"硬约束"的条件下，追求各地区煤炭使用总收益最大。

(4) 可供选择的煤炭资源分配制度模式

假定煤炭资源的分配制度有三种：第一种，不加任何约束的自由用煤制度；第二种，煤炭管理机构指令性分配各地区的计划用煤制度；第三种，宏观管理下的煤炭市场产权交易制度，其中涉及煤炭全成本定价、煤炭资源税和煤炭配额。

参与者类型依存战略是指参与者基于已有煤炭使用制度，根据自身类型，如 GDP 贡献、耗煤特点以及产业成长性，选择使自身收益最大化的战略（包括煤炭使用量、是否采取节煤措施以及煤炭产权交易等）。

(5) 制度有效性判断

判断标准是在短期内社会可以接受的可能煤炭资源分配制度模式中，选择 GDP 总产出最大的煤炭资源分配制度。

(6) 纳什均衡求解

假定各地区煤炭消费的信息是对称的，战略选择空间也是完全对称的。虽然战略行动有先后，但各地区的战略选择明确，煤炭管理机构在选择煤炭资源分配制度时会考虑到各地区的最优选择，煤炭管理机构先行动、各地区后行动，因此，完全信息的动态博弈模型描述符合要求。

不加任何约束的自由用煤制度：由于煤炭监管缺位，假定富煤地区的煤炭使用成本几乎为零，掠夺性开采和不采用节煤技术措施是最优战略，而采用节煤技术措施是严格劣战略，结果导致富煤地区"奢侈性"使用煤炭，对煤炭资源进行掠夺性开采，严重破坏了该地区的生态环境，造成"公地悲剧"，从整体社会角度来说是不可接受的。

计划体制下指令性煤炭分配制度：尽管各煤炭消费地区有利益冲突，但也存在合作共赢的关系，假定富煤地区将煤炭分配给其他地区，则可以带来更大的总体收益；同时，各地区采取节煤措施，提高煤炭利用效率，可以间接增加煤炭资源量，带来更多的总体利益。计划体制下的指令性煤炭分配制度，目标是使各地区合作获得的煤炭消费总收益达到最大，但这种指令性的煤炭分配制度对富煤地区没有激励，计划体制下的指令性煤炭分配制度在实践中很难执行。

宏观管理下的煤炭市场产权交易制度：包括煤炭全成本定价、煤炭资源税和煤炭配额，各地区煤炭消费考虑煤炭市场价格 p 以及煤炭资源税率 t，各地区煤炭消费决策随着煤炭管理机构决策的变化而变化。煤炭管理机构在煤炭产权市场基础上，根据各地区最优战略行动（关于市场价格 p 和煤炭税率 t 的函数）选择煤炭资源税率，各地区在观察到煤炭市场价格 p 与煤炭资源税率 t 后选择煤炭使用量和节能水平。

按照产权交易的原则，单位煤炭 GDP 产出低的富煤地区，将煤炭卖给单位煤炭 GDP 产出高的地区，从而实现总 GDP 产出最大，且符合各地区的社会规划，从社会角度来说是可以接受的。要有效实施宏观管理下的煤炭市场产权交易制度，必须建立煤炭资源产权机制，通过煤炭市场产权交易促进煤炭资源有效配置，最终形成参与约束和"激励相容"的煤炭资源管理制度。

（7）理想的全局优化制度下煤炭使用总收益计算

理想的全局优化制度下的煤炭使用总收益（理想的全局优化煤炭分配制度下煤炭使用的总 GDP）是指在长期"硬约束"下，社会接受的各种可能煤炭分配制度中，煤炭使用产出的最大 GDP。信息完备的计划体制下指令性煤炭分配制度就是理想的全局煤炭分配的优化制度。

（8）合作博弈可行域的确定

合作博弈可行域（制度外利润），由指令性煤炭分配制度下的总 GDP 与现有制度模式下 GDP 的差额构成，可进行重新配置。制度外利润的分配要满足个体的参与约束和激励相容，很难在各地区进行分配，实践中存在难以分配的利润区域。

（9）合作博弈解的合理性

合作博弈可行域或者制度外利润（不同煤炭分配制度下 GDP 净差额）分配，必须满足个体参与和激励相容约束的条件，即煤炭分配制度必须使个体遵守该制度，必须使参与者所选择的最优战略符合煤炭管理机构目标。对合作博弈解的分配有以下两种方法：

第一，纳什—海萨尼讨价还价法。

此方法本质上是基于明确煤炭产权，在煤炭资源管理机构的监管下，采用市场机制优化配置煤炭资源。纳什—海萨尼讨价还价法要求煤炭管理机构做到：各地区产业煤炭消费信息公开；完善煤炭产权交易的制度；设置各地区煤炭产权交易中介场所。

第二，权重分配法。

权重分配法是由煤炭管理机构使用行政手段，依据各地区煤炭使用量占煤炭总量的比例，分配合作博弈的可行域。权重分配法的优点是合作博弈的可行域分配直接、简单；缺点是这种煤炭资源的配置存在不合理之处，例如，有的地区以农业和重工业为主，耗煤量大，但单位 GDP 产出比较小，按照权重分配法分配的煤炭配额多，有的地区以金融业和电子信息产业为主，耗煤量小，单位 GDP 产出大，按照权重分配法分配的煤炭配额小，难以达到煤炭资源优化配置的目标。另外，在分配制度外利润以满足个体参与和激励相容约束方面还存在一定的困难。

学界通常采用纳什—海萨尼讨价还价法求合作博弈解，从而构建新的煤炭资源优化配置制度。

4. 合作博弈模型的求解方法

通过构建合作博弈模型，实现煤炭资源配置制度的过程如下：首先，比较不同煤炭资源分配制度下各地区煤炭消费的 GDP 总和；其次，寻找最大的制度外利润（即不同煤炭资源分配制度下 GDP 净差额）；最后，寻找满足个体参与和激励相容约束的新煤炭资源分配制度，使制度外利润尽可能得到合理的分配。

一般情形下，从规范角度构建煤炭资源配置的合作博弈模型，在合作博弈解的计算过程中，用 c_i 表示不同制度下各地区的当前收益（当前煤炭资源分配制度下各地区 GDP），用 x_i 表示讨价还价后参与者的新收益。

目标函数：$\max \sum_{i}^{n} (x_i - c_i)$。

约束：$x_i \geq c_i$，$i = 1, \cdots, n$，$x_i \in R^+$。

$$\sum_{i}^{n} x_i = \Delta$$

其中：Δ 为新的煤炭资源分配制度下各地用煤的总 GDP 产出与原有制度下的 GDP 产出净差额。

在权重分配法中，参与者在合作博弈模式下获得的新收益（即新增加的 GDP 产出）满足：$x_i = c_i + \Delta \times c_i / \sum_{i}^{n} c_i$。

其中：Δ 为两种不同煤炭分配制度间的制度外利润（不同煤炭资源分配制度下的 GDP 产出净差额）。

通常情况下，纳什—海萨尼讨价还价法满足合作博弈解的必要条件，也满足机制设计要求的个体参与约束和激励相容约束。

煤炭资源管理机构可能采用的煤炭资源开发模式对参与者行为选择至关重要，个体理性会对制度模式产生决定性的影响，参与者可根据自身类型及制度约束，相机选择煤炭资源开发战略。

分析煤炭资源开发的制度背景，需要综合考虑以下因素：

第一，制度惯性。考虑已有煤炭资源分配惯例，以及煤炭资源分配模式对各地区用煤行为的影响。

第二，制度有效性。首先，考察制度的完备性，判定是否有激励机制和惩罚机制；其次，判定制度是否有自我实施的条件；最后，根据实际执行情况，综合评判制度有效性。

第三，比较制度。比较分析不同的制度，探讨已有制度的内在机理和改进方向。

制度有效性判别模型是利用博弈论，对不同制度下参与者收益进行比较，找出纳什均衡，依此判定参与者能否自主接受有效制度。

制度有效性决定了煤炭资源配置效果，完善了能源资源产权市场，同时运用市场手段使各地区选择最优煤炭资源开发量、节煤量以及用煤量。如何进行煤炭资源产权初始分配，确保煤炭产权市场的有效运作等，是值得研究的热点问题。

关于煤炭资源产权的初始分配，主要有两种方法：①按照各地区人数分配煤炭资源产权；②按照各地区煤炭利用效率分配煤炭资源产权。

5. 煤炭资源分配的博弈分析

利用博弈论工具描述和分析各地区煤炭开发以及节煤问题，建立煤炭资源的分配模型。为简化处理，假定有国家煤炭资源管理局、源煤地区以及用煤地区三个参与方。通常，煤炭资源分配的博弈可记为：$\Gamma = (N, \{S_i\}, \{P_i\})$。

局中人集合 $N=\{$地区1，地区2，国家煤炭管理局$\}$，假定国家煤炭管理局追求煤炭利用的总收益最大，地区1为产煤地区，地区2为用煤地区。

S_i 为局中人的战略集合。$S_i = \{s_i\}$ 代表第 i 个局中人可选择的战略集合，s_i 表示第 i 个局中人的特定战略（$i=1, 2, \cdots, n$），即局中人对连续型变量 w_i、$\overline{w}_i$ 选择形成的战略集合。即 $S_i = \{s_i\}$ 中，$s_i = (w_i, \overline{w}_i)$（$i=1, 2$），$w_i$（$i=1, 2$）为第 i 个地区的用煤量，$\overline{w}_i$（$i=1, 2$）为第 i 个地区的其他能源供给（石油、天然气以及煤炭节约量等）。

假定各地区用煤量以及煤炭资源税、煤炭价格等是共同知识。国家煤炭管理局先行动，选择煤炭资源税 t；各地区后行动，其决策受煤炭均衡价格 p 与煤炭资源税 t 的影响，国家煤炭管理局根据各地区的预期战略选择煤炭资源税率 t，各地区在观察到煤炭价格 p 和煤炭资源税率 t 后，选择用煤量 $w_i(p+t)$ 和节煤量 $\overline{w}_i(p+t)$，煤炭资源分配的博弈分析可视为完全信息的动态斯坦克尔伯格博弈模型。

P_i 为局中人的支付函数，即各地区的收益函数 $\pi_i = B_i - C_i - \overline{C}_i$（$i=1, 2$）。假定 B_i 为各地区煤炭使用收益，其大小取决于用煤量 w_i，随着用煤量 w_i 的增加而增加，但增加速度变缓，即 $B'_i > 0$，$B''_i < 0$；$C_i(w)$ 为各地区的用煤费用，与煤炭使用量 w_i 正相关，即 C'_i 是一个常数；$\overline{C}_i(\overline{w})$ 为各地区的节煤费用及使用其他替代能源的费用，与节煤量 $\overline{w}$ 相关，假定节煤费用随着节煤量 $\overline{w}$ 的增加而快速增加，即 $\overline{C}'_i > 0$，$\overline{C}''_i > 0$。

假定 r_i 为各地区的煤炭配额（$i=1, 2$）；p 为煤炭均衡价格；t 为煤炭资源税。博弈均衡分析中，各地区最优战略分别是 $s_1^* = (w_1, \overline{w_1})$，$s_2^* = (w_2, \overline{w_2})$，纳什均衡为：$s^* = (s_1^*, s_2^*)$。

（1）自由使用煤炭的博弈分析

假定对各地区煤炭使用量不设限制，煤炭管理机构不征收煤炭资源税，没有煤炭交易，各地区可以自由使用煤炭，则各地区的收益函数分别为：

$\pi_1^1(w_1, \overline{w_1}) = B_1(w_1) - C_1(w_1) - \overline{C_1}(\overline{w_1})$；$\pi_2^1(w_2, \overline{w_2}) = B_2(w_2) - C_2(w_2) - \overline{C_2}(\overline{w_2})$

按照理性人假定，各地区决策追求自身利益的最大化，可以得出：

$\max\limits_{w_1,\overline{w_1}} \pi_1^1(w_1, \overline{w_1}) \Rightarrow \dfrac{\partial \pi_1^1}{\partial w_1} = 0,\ \dfrac{\partial \pi_1^1}{\partial \overline{w_1}} = 0$，求得 w_1 和 $\overline{w_1}$；

$\max\limits_{w_2,\overline{w_2}} \pi_2^1(w_2, \overline{w_2}) \Rightarrow \dfrac{\partial \pi_2^1}{\partial w_2} = 0,\ \dfrac{\partial \pi_2^1}{\partial \overline{w_2}} = 0$，求得 w_2 和 $\overline{w_2}$。

各地区最优战略为：$s_1^{1*} = (w_1^1, \overline{w_1^1})$，$s_2^{1*} = (w_2^1, \overline{w_2^1})$，该博弈的纳什均衡为：$s^{1*} = (s_1^{1*}, s_2^{1*})$。

在该模型中，假定煤炭使用成本为零，不采用节煤措施是最优战略，而采用节煤措施是严格劣战略，其结果是产煤地区"奢侈性"使用煤炭，即对煤炭资源进行掠夺性使用；生态环境因此遭到严重破坏，造成"公共悲剧"。

地区 1 和地区 2 根据自身的成本函数和收益函数决定煤炭使用量以及节煤量。在煤炭资源总量既定的情况下，煤炭资源分配必然涉及相关地区的利益调整，各地区存在对抗性的利益关系。

假定地区 1 煤炭使用的边际收益递减，地区 1 减少一部分用煤量，分给地区 2 使用，地区 1 减少的收益将小于地区 2 增加的收益（即地区 1 的煤炭使用边际收益小于地区 2 的煤炭使用边际收益），整体总收益将增加，因此，在自由使用煤炭的煤炭资源分配制度下总收益不可能达到最大。

（2）计划经济下的指令性煤炭分配博弈分析

尽管各地区煤炭使用存在利益冲突，但也有共同的利益关系。假定将产煤地区的一部分煤炭分给其他地区，总体将取得更大的收益；或者各地区提高煤炭利用效率、采取节煤措施，将带来有效煤炭量的增加，总收益将更大。在传统计划经济下，往往通过指令性手段来完成煤炭资源的分配。

各地区按照个体理性原则进行决策，其收益函数与自由使用煤炭的分配制度相同，但模型二考虑的是国家煤炭管理机构对煤炭资源进行统一的指令性分配，其目标是最大化煤炭资源使用总效益，即 $\pi^2(W, \overline{W}) = \pi_1^1(w_1, \overline{w_1}) + \pi_2^1(w_2, \overline{w_2})$。

$$\max_{W,\overline{W}} \pi^2(W, \overline{W}) \Rightarrow \frac{\partial \pi^2}{\partial W} = 0, \frac{\partial \pi^2}{\partial \overline{W}} = 0 \begin{cases} \frac{\partial \pi_1^1}{\partial w_1} + \frac{\partial \pi_2^1}{\partial w_1} = 0 \\ \frac{\partial \pi_1^1}{\partial w_2} + \frac{\partial \pi_2^1}{\partial w_2} = 0 \end{cases} \text{和} \begin{cases} \frac{\partial \pi_1^1}{\partial \overline{w_1}} = 0 \\ \frac{\partial \pi_2^1}{\partial \overline{w_2}} = 0 \end{cases}$$

煤炭资源分配对策的结果：$W^2 = (w_1^2, w_2^2)$，$\overline{W^2} = (\overline{w_1^2}, \overline{w_2^2})$。

计划经济下的指令性煤炭资源分配具有以下特征：

首先，指令性煤炭资源分配考虑整体收益最大，各地区用煤量通过联立方程组求解，而不是由各地区自由确定。

其次，计划经济下的指令性煤炭资源分配最终结果是各地区完全合作，$\pi^2(W^2, \overline{W^2}) = \pi^2(W^1, \overline{W^1}) + \nabla$，$\nabla > 0$，因为 $(W^1, \overline{W^1})$ 是各地区按照个体理性原则进行决策得到的结果，总体收益并不是最大，而 $(W^2, \overline{W^2})$ 则是以总收益最大化为目标得到的结果。自由使用煤炭的博弈分析说明：在个体理性决策 $(W^1, \overline{W^1})$ 的基础上，如果产煤地区 1 减少煤炭使用量，将这部分煤炭给地区 2 使用，尽管地区 1 的收益会减少，但地区 2 新增的收益，能够补偿地区 1 所减少的收益，总收益的增加持续到煤炭使用

量分配为 $(W^2, \overline{W^2})$ 时结束，计划经济下的指令性煤炭资源分配是最优的煤炭资源分配方案，达到了合作博弈所强调的集体理性。

然而，各地区没有动力完成总收益最大化要求的煤炭资源分配，按照个体理性原则，地区1不能接受减少其煤炭使用量，以取得总体收益最大化。尽管在煤炭资源利用方面，各地区具有合作的可能，有共同的行动目标和利益，但由于个体理性，各地区不会自愿采取"合作"的态度，只能通过行政命令强制性分配，导致总体收益最大化的目标很难实现。

(3) 宏观调控下煤炭资源产权分配的博弈分析

计划经济下的指令性煤炭资源分配无法实现总收益最大化目标，需要设计合理的激励机制，在满足个体理性的前提下，实现煤炭使用的总收益最大化。

国家煤炭资源管理机构需要建立有效的利益分配机制，在满足各地区利益目标的前提下，实现煤炭使用总收益最大化。假定按照从量税的原则征收煤炭资源税，在清晰界定煤炭资源产权的基础上，建立煤炭资源产权分配的市场交易机制，构建宏观调控下的煤炭资源产权市场交易模型，同时，在各地区分配煤炭资源产权，暂不考虑煤炭资源产权的分配方案。假定 r_i 为地区 i 分配到的煤炭资源产权，p 是煤炭均衡价格，则各地区煤炭使用的收益函数为：

$$\pi_1^3(w_1, \overline{w_1}, r_1, p, t) = \pi_1^1(w_1, \overline{w_1}) - (w_1 - r_1)(p - w_1)t$$

$$\pi_2^3(w_2, \overline{w_2}, r_2, p, t) = \pi_2^1(w_2, \overline{w_2}) - (w_2 - r_2)(p - w_2)t$$

定义 $R = (r_1, r_2)^T$，各地区进行煤炭使用量决策时将考虑煤炭市场价格 p 与煤炭资源税率 t 的影响，在煤炭资源产权明晰的基础上，煤炭资源管理机构根据各地区预期战略，选择最优煤炭资源税率 t，各地区在观察到煤炭资源税率 t 与均衡价格 p 后选择煤炭节能量和煤炭使用量，可视为完全信息动态斯坦克尔伯格博弈模型。

假定各地区决策符合个体理性，可以得到以下结果：

$$\max_{w_1,\overline{w_1}}\pi_1^3(w_1, \overline{w_1}, r_1, p, t) \Rightarrow \frac{\partial \pi_1^1}{\partial w_1}=p+t \text{ 和} \frac{\partial \pi_1^1}{\partial \overline{w_1}}=0 \Rightarrow w_1^3(p+t) \text{ 和} \overline{w}_1^3(p+t)$$

$$\max_{w_2,\overline{w_2}}\pi_2^3(w_2, \overline{w_2}, r_2, p, t) \Rightarrow \frac{\partial \pi_2^1}{\partial w_2}=p+t \text{ 和} \frac{\partial \pi_2^1}{\partial \overline{w_2}}=0 \Rightarrow w_2^3(p+t) \text{ 和} \overline{w}_2^3(p+t)$$

考虑各地区关于煤炭均衡价格 p 和煤炭资源税率 t 的战略，可以推理出以下煤炭资源管理机构的决策：

$$\max_{p+t}\pi^3(W, \overline{W})=\max_{p+t}\pi_1^3[W^3(p+t), \overline{W}^3(p+t)] \Rightarrow$$

$$\frac{\partial \pi^3}{\partial W} \times \frac{dW^3(p+t)}{d(p+t)}=0 \text{ 和} \frac{\partial \pi^3}{\partial \overline{W}} \times \frac{d\overline{W}^3(p+t)}{d(p+t)}=0$$

煤炭均衡价格 p 是由市场确定的，市场交易下的煤炭资源产权分配模型是均衡市场模型，市场均衡（$W^3, \overline{W}^3$）是一种各地区"部分合作"的均衡，也是各地区追求自身利益最大化的结果，即 $\pi^2(W^2, \overline{W}^2) > \pi^3(W^3, \overline{W}^3) > \pi^1(W^1, \overline{W}^1)$。

市场交易下的煤炭资源产权分配模型可以采用煤炭产权交易和资源税两种手段，为克服煤炭资源税收的外部性影响，也可以只采取煤炭资源产权市场交易的方式。科斯定理表明：在完全信息条件下，当交易费用为零，如果不考虑收入效应，并且产权界定有效、明晰，则产权的归属不影响资源配置效率，即资源配置可以达到帕累托最优。科斯定理主要的贡献在于：即使产权界定得不合理，也要优于不明晰的产权。对市场交易下的煤炭资源产权分配模型的分析表明：只要煤炭资源产权界定清晰，煤炭资源产权的具体分配就不会影响煤炭资源的配置效率。

煤炭资源分配是利益分配问题，多个地区参与煤炭资源的分配，具有多方博弈的特点，在满足各地区自身利益最大化的前提下，使得煤炭使用的总收益最大。宏观调控下的煤炭资源产权市场交易的本质是：建立明晰的煤炭资源产权，采用煤炭资源产权市场的交易机制，实现各地区煤炭资源的有效配置，最终形成满足各地区参与约束和激励相容约束的煤炭资源分配机制。

国内很多学者对能源资源的产权分配问题进行了研究，并取得了一系列成果，但从总体上看，我国能源资源产权分配的制度建设仍处于起步阶段。能源资源产权分配制度不完善会导致能源资源的分配不公及能源资源配置效率低下；从技术操作层面来说，受不确定因素的影响，难以精确计算化石能源分配"最优解"，所得结果亦难以被决策者应用和采纳，在实践中难以发挥作用；能源资源分配的过程以行政手段为主，没有从质与量统一的角度认识化石能源的特性，没有真正解决能源资源的公平分配问题；能源资源产权的初始分配等价于采矿量分配，能源资源产权的初始分配只是确定了参与主体的采矿比例，受计量和监测设施等条件的影响，仅有比例的能源资源分配使得管理部门难以实施相应的管控。由于能源资源产权的初始分配与实际需求存在滞后，必须综合考虑资源条件、规则制度以及文化传统等因素，建立符合我国国情的化石能源资源产权初始分配的理论框架。

能源资源产权初始分配是指能源资源采矿权的初次分配，由国家能源主管部门综合考虑经济增长、人口、资源条件以及生态环境等因素，充分考虑各参与主体利益，对区域内可分配能源资源量进行配置。化石能源采矿权的初始分配是政府宏观调控下配置化石能源资源的第一步，只有清晰界定能源资源的初始产权，才能最大限度降低交易成本。

第六节 能源优化配置制度存在的问题

本节主要从能源资源配置中能源管理体制缺陷等方面，分析我国能源优化配置制度存在的问题。

一、当前我国能源配置中存在的问题

我国对能源资源的"硬约束"过松,各行各业使用能源的价格没有按照能源全成本定价模式来制定。

1. 能源配置效率较低

我国的化石能源价格较低,能源利用效率不高,环境污染问题突出。我国能源利用总体效率低于发达国家水平。2017年,我国GDP约占全球GDP的16%,但却消耗了全球50.5%的煤炭、13%的石油、34.2%的钢铁和60%的水泥。据国际能源署相关数据,按百万美元能源消耗进行对比,2018年,我国能耗标准约为日本能耗标准的2.72倍,平板玻璃、建筑陶瓷、电解铝、乙烯、合成氨等主要高耗能产品的单位能耗仍然比国际水平高出7.7%~9.7%。

我国对电和天然气的价格实行政府指导价。政府长期管制能源价格,导致能源价格严重低于其市场价值,能源的使用成本和供求关系无法通过其价格反映,企业和个人采用节能技术提高能源利用率的动力不足。由于存在企业垄断和政府行政垄断,我国居民部门电力和天然气交叉补贴现象严重,居民用电价格长期低于工业用电价格。此外,城市化进程中,居民电力消费量的持续增长使得居民电力交叉补贴居高不下。

2. 能源管理体制存在缺陷

我国现行的能源管理体制存在以下几类亟待解决的深层次矛盾和问题:①能源市场体系不成熟,市场结构不合理,需进一步推进和深化能源的市场化改革;②能源价格机制不健全,缺乏科学的价格形成机制,价格构成不合理,价格扭曲问题突出;③政府管理不到位,管理缺位和越位并存，能源管理部门多，且职能分散，导致在能源行业及企业之间出现电力市场化改革方向之争及电煤价格之争；④政府对能源监管不到位，能源监管体系独立性仍显不足，基于规则的有效市场监管缺失，能源行业企业缺少协作，相互掣肘；⑤能源法制体系不完善，缺少统一的能源政策和法规。

由于没有按照"大能源"的内在要求进行能源体制再造，历经多次改革，能源行业管理体制仍未达到预期目标。不仅各专业能源领域按照各自为政的思路来制定能源产业法规和政策，能源产业的管理也缺乏整体运作和设计。各专业能源领域都从自身角度出发制定政策、考虑问题，整个能源行业难以做到协调发展。

3. 能源定额、配额及能源使用许可交易等市场化配置手段尚未得到运用

政府宏观调控手段主要包括能源定额、配额和耗能产业间能源使用许可的交易。在目前能源配置中，政府宏观调控手段仅用于能源的价格制定，尚未得到综合使用。

二、能源优化配置制度的优化思路

现有的能源优化配置制度不能使能源使用收益达到最大，按照合作博弈论的思想，将最优配置制度下的能源使用收益与现有制度下能源使用收益差额（即制度外利润）进行有效分配，可以提高能源配置效率。从这个角度理解能源优化配置制度，就是要寻求一种有效的和可实施的制度，尽可能减小能源使用收益和最优配置制度下的能源使用收益差额（制度外利润）。

能源优化配置制度要求在满足基本产业等"硬约束"条件下，各产业能源使用的边际收益相同。但能源使用的帕累托最优（Pareto Optimality）只存在于理论上的理想状态，实际中却无法做到。因此，我们只能寻求一种"次优"的方式，即本书所提出的，综合使用能源全成本定价、能源定额配额以及能源使用许可交易等手段来提高能源使用收益。

第三章

博弈论与能源配置

第一节 博弈论与能源配置的关系

使用博弈论研究能源配置需从以下几个方面进行分析：

首先，博弈论关注冲突和合作问题，其研究对象是人的行为。能源配置涉及能源主管部门、能源资源开发者、能源资源使用者等众多利益主体。在能源配置过程中，以上众多利益主体的冲突和合作广泛存在，人的行为成为影响能源资源配置的主要因素。

其次，博弈论承认参与主体的个体理性，主张个体理性与集体理性应该合理兼容，必须在满足个体理性的前提条件下达到集体理性，这是实现社会整体利益最大化的前提。个体利益的最大化并不意味着社会整体利益的最大化。在我国能源资源配置过程中，现有能源资源开发的投资决策机制和能源使用目标，往往使能源主管部门、能源资源开发者以及能源资源使用者在个体理性与集体理性之间产生错位。这种个体理性和集体理性的差异不仅是引起能源资源开发冲突的关键，也是解决能源开发利用问题的逻辑起点。

再次，博弈论不仅把不同的制度模式作为主要变量，而且把满足纳什均衡条件，即所有参与者都可以接受的制度作为研究结果。在能源配置过程中，所有的能源资源开发者和使用者都依据不同的制度约束做出使个体利益最大化的战略选择，只有满足博弈内生规则的制度才能成为有效的制度，以上思路为能源优化配置提供了理论基础。

最后，博弈论主要研究外部性和信息不对称条件下的个体选择问题。在能源开发利用过程中存在很多的外部性，个体成本与社会成本、个体收益与社会收益往往不一致，而且，能源资源开发利用中存在着信息不对称的问题，加剧了能源配置的复杂性，给能源资源开发和使用带来了很大的不确定性。

第二节 不同能源配置制度模式下的博弈分析

制定能源优化配置制度必须考虑有效性，如果一种制度不能满足博弈的内生规则，就难以形成合理的纳什均衡，在制度的执行过程中就会导致能源规划目标与实际效果的偏离，最终对能源配置造成负面影响。

一、公共产权模式下能源配置的博弈分析（以煤炭为例）

哈定于1968年提出"公地悲剧"（Tragedy of the Commons），用于解释一种资源如果没有排他性的所有权，必然引致对其自身的过度使用。我们结合"公地悲剧"理论，利用博弈论对公共产权模式下各主体自行用煤的行为进行分析。

假定某煤炭基地，煤炭总储量为 Q_{max}，最大可开采量为 Q_0，其中 $Q_0 \leq Q_{max}$，假定该煤炭基地有 n 个采煤主体，每个主体都有自由在该煤炭基地采煤的权利，用 $q_i \in [0, q_i^0]$ 代表每个采煤主体的采煤量，q_i^0 为采煤主体 i 在相应区域内的可采煤量的上限，$i=1, 2, 3, \cdots, n$。用 p 代表煤炭基地综合用煤价值，并假定 p 与 Q 满足函数关系，有 $p=p(Q)$。当采煤量较小时，即当 $Q \leq Q_{max}$ 时，$p(Q) > 0$；当采煤总量超过该煤炭基地的承载力时，即 $Q \geq Q_{\max}$ 时，可以认为 $p(Q) \leq 0$，这里表明采煤总量超过煤炭基地的承载力后，煤炭基地会受到严重破坏，使开采难度加大。同时，采煤个体的污染处理水平达不到处理标准，严重破坏了生态环境。当采煤总量达到一定规模后，随着采煤量的增加，煤炭利用价值将会下降，满足：$\frac{\partial p}{\partial Q} < 0$，$\frac{\partial^2 p}{\partial^2 Q} < 0$，由于个体理性的存在，每个采煤主体通过选择最优采煤量 q_i 以最大化各自收益，其中：收益函数为 $B_i(q_i) = q_i p(Q)$；成本函数为 $C_i(q_i) = q_i c_m + q_i c_t$；$c_m$ 为单位煤炭开采成本；c_t 为单位煤炭开采的生态环境治理成本，收益函数为：

$$\pi_i(q_1, q_2, \cdots, q_i, \cdots, q_n) = q_i p(Q) - q_i c_m - q_i \zeta c_t, \quad i = 1, 2, 3, \cdots, n$$

最优化的一阶条件满足：$\frac{\partial \pi_i}{\partial q_i} = p(Q) + q_i p'(Q) - c_m - c_t = 0$，$i = 1, 2, 3, \cdots, n$。

单位煤炭开采带来正负两方面效应：正效应是煤炭开采主体自身价值的绝对增加；负效应是采煤量增加导致煤炭基地剩余煤炭价值量的减少，最优解满足边际收益等于边际成本。

上述 n 个一阶条件定义了 n 个反应函数：$q_i^* = q_i(q_1, \cdots, q_{i-1}, q_{i+1}, \cdots, q_n)$。

由于 $\frac{\partial^2 \pi_i}{\partial^2 q_i} = 2p'(Q) + q_i p''(Q) < 0$，$\frac{\partial^2 \pi_i}{\partial q_i \partial q_j} = p'(Q) + q_i p''(Q) < 0$，则有：$\frac{\partial q_i}{\partial q_j} = -\frac{\partial^2 \pi_i}{\partial q_i \partial q_j} \bigg/ \frac{\partial^2 \pi_i}{\partial^2 q_i} < 0$，煤炭基地中煤炭开采主体的采煤量随着其他煤炭开采主体采煤量的增加而减少，容易证明，该方程存在可行解，n 个反应函数的交叉点即为纳什均衡：$q^* = (q_1^*, \cdots, q_i^*, \cdots, q_n^*)$，纳什均衡的总采煤量为：$Q^* = \sum_{i=1}^{n} q_i^*$。

将上述 n 个一阶条件相加,可以得到:$p(Q^*)+\dfrac{Q^*}{n}p'(Q^*)=c_m+c_t$。

煤炭基地的最优目标是最大化煤炭总价值:$\max\limits_{Q}Qp(Q)-Qc_m-Qc_t$。

最优化的一阶条件为:$p(Q^{**})+Q^{**}p'(Q^{**})=c_m+c_t$。

对比分析煤炭基地全局最优化条件与煤炭开采地区的最优化条件可以看出:$Q^*>Q^{**}$,由于煤炭开采个体的边际成本小于全局最优目标下煤炭开采量的社会成本,即各地区自由采煤有负外部性,纳什均衡状态下的煤炭开采总量超过了煤炭基地最优的煤炭开采量。以上分析证明:在缺乏排他性产权的煤炭开采制度背景下,煤炭基地的煤炭被过度开采了。

二、全局优化模式下能源配置的博弈分析（以煤炭为例）

尽管各采煤主体有利益冲突,但他们之间也存在着一致的利益关系。如果各采煤主体提高采煤效率、采取节煤措施,煤炭资源的有效量就会增加,总收益也会增多。

按照个体理性原则,各采煤主体作出决策,其收益函数与公共产权模式下能源资源配置的收益函数相同。但在全局优化模式下,煤炭管理部门对煤炭资源实行分配决策的目标是令煤炭资源总收益最大化。

假定 S_i 为采煤主体的战略集合,$S_i=\{s_i\}$ 代表第 i 采煤主体的所有可以选择的战略集合,s_i 表示第 i 采煤主体的一个特定战略($i=1,2,\cdots,n$),是采煤主体对连续型变量 q_i、$\overline{q}_i$ 进行选择所形成的所有战略的集合。即 $S_i=\{s_i\}$ 中,$s_i=(q_i,\overline{q}_i)$($i=1,2$),$q_i(i=1,2)$ 为采煤主体的采煤量,$\overline{q}_i(i=1,2)$ 为采煤主体的其他有效能源供给量(煤炭节约量及石油、天然气等)。

全局优化模式下,各采煤主体的收益函数分别为:$\pi_1(q_1,\overline{q}_1)=B_1(q_1)-C_1(q_1)-\overline{C}_1(\overline{q}_1)$,$\pi_2(q_2,\overline{q}_2)=B_2(q_2)-C_2(q_2)-\overline{C}_2(\overline{q}_2)$,$B_i$ 为各采煤

主体煤炭开采产生的收益，取决于采煤量 q_i，采煤收益随着采煤量的增加而增加，但收益增加的速度变慢，即 $B_i'>0$，$B_i''<0$；$C_i(q)$ 为采煤主体的采煤费用，与采煤量 q_i 直接相关，假定采煤费用 $C_i(q)$ 与采煤量成正比，即 C_i' 为常数；$\overline{C_i}(\overline{q})$ 为各采煤主体的节煤成本及使用替代能源的费用，与煤炭节省量 $\overline{q}$ 相关，节煤费用随着节煤量的增加而快速增加，即 $\overline{C_i}'>0$，$\overline{C_i}''>0$。

即

$$\pi(q,\overline{q})=\pi_1(q_1,\overline{q_1})+\pi_2(q_2,\overline{q_2})$$

$$\max_{q,\overline{q}}\pi(q,\overline{q}) \Rightarrow \frac{\partial \pi}{\partial q}=0, \frac{\partial \pi}{\partial \overline{q}}=0 \begin{cases} \frac{\partial \pi_1}{\partial q_1}+\frac{\partial \pi_2}{\partial q_1}=0 \\ \frac{\partial \pi_1}{\partial q_2}+\frac{\partial \pi_2}{\partial q_2}=0 \end{cases} 和 \begin{cases} \frac{\partial \pi_1}{\partial \overline{q_1}}=0 \\ \frac{\partial \pi_2}{\partial \overline{q_2}}=0 \end{cases}$$

由上式可得煤炭资源分配的选择结果为：

$$W^2=(q_1^2,q_2^2), \overline{W^2}=(q_1^{-2},q_2^{-2})$$

全局优化模式下的煤炭资源分配具有如下特性：

首先，全局优化模式下的煤炭资源整体收益最大，煤炭资源分配结果（采煤主体的采煤量）可通过联立方程组解出，而不是由各采煤主体自由确定。

其次，公共产权模型分析已表明：在个体理性决策 $(q^1,\overline{q}^1)$ 的基础上，如果采煤主体 1 减少采煤量，并将这部分减少的量分给采煤主体 2，尽管采煤主体 1 的收益减少，但采煤主体 2 新增的收益能够弥补采煤主体 1 所减少的收益，直到采煤量分配为 $(q^2,\overline{q}^2)$ 时结束，此时采煤总收益最大。显然，全局优化模式下的煤炭资源分配是一种最优煤炭分配方案，达到了合作博弈所强调的集体理性。

然而，对采煤主体自身来说，全局优化的结果并不符合个体理性的原则，减少采煤主体 1 按照个体理性原则所取得的收益，采煤主体 1 是不能接受的。

在全局优化模式下，虽然各采煤主体有共同的行动目标和利益，具有合作的可能性，但由于个体理性的存在，采煤主体不愿采取"合作"的态度。因此，只能通过指令性的行政命令强制分配煤炭开采量，从而导致收益最大化的预期目标很难实现。

第四章

优化配置视角下的能源定价模型

第四章
优化配置视角下的能源定价模型

  基于能源优化配置的视角，本章从理论上探讨能源定价模型。能源优化配置制度可在满足基本产业用能等约束条件的前提下，优化能源在各产业中的分配，使得各产业能源边际收益相同。能源价格包括能源资源成本、工程技术成本以及生态环境成本等，应尽可能采取全成本定价，以接近最优的能源配置制度的要求，使"制度外的利润"最小。

  化石能源价值由化石能源的所有权、稀缺性及有用性决定。其中，化石能源的有用性是化石能源价值存在的基础。化石能源的稀缺性包括两个含义：第一，化石能源质量差异表现出来的稀缺性；第二，在已有技术条件下，特定时期的化石能源可开采量是既定的。能源资源所有权的存在决定了化石能源的客观价值，化石能源的稀缺性和使用价值决定了优等、中等、劣等的化石能源都是有价值的。开采不同质量的化石能源必须满足以下两个条件：①化石能源的稀缺性决定了劣等化石能源资源也应获得资源出让金，劣质能源资源的开采成本决定了化石能源的价格。因此，中等及优质化石能源的开采企业，除缴纳超额利润外，还要缴纳化石资源级差地租，即化石能源资源开采出让金。级差地租本质上是由能源资源质量决定的。②投资化石能源开采领域的边际收益不小于投资其他领域的边际收益。

  化石能源开发成本包括能源资源开发过程中的灾害治理、开发利用、环境污染治理、土地复垦和资源勘探等。化石能源配置仍然采取政府主导的计划经济手段。如何更好地发挥市场的作用、实现化石能源的优化配置，是值得研究的重要问题。

第一节 能源定价回顾

一、能源定价机制需进一步完善

长期以来，我国煤炭、石油、天然气的价格是在规制能源资源开发企业回报率基础上确定的。1993年以后，我国逐步推进煤炭市场化改革，国家对电煤"放而不开"，实行指导价；2002—2004年，国家取消电煤指导价，增加了煤电行业的协调价格，冶金、建材等动力煤，以及生活用煤价格指导开始放开；2004—2008年，国家重启煤电价格联动，电煤价格不分重点内外，由双方协商决定；2008—2012年，在宏观调控指导下，由供需双方协商定价的市场化调节机制初步形成；2012年至今，煤炭市场化改革进一步加深，煤炭价格实现市场化。

我国历经了5次石油定价改革。2013年3月26日，国家发展和改革委员会公布了新的成品油定价机制。按照前10个工作日国际市场原油平均价格变化情况，并累加上个调价周期未调价金额确定国内成品油价格，取消了上下4%的幅度限制。2016年1月13日，国家发展和改革委员会进一步完善成品油价格机制，设置调控上下限（上限130美元/桶；下限40美元/桶），国际原油价格高于130美元/桶时，成品油零售价格不提或少提；国际原油价格低于40美元/桶时，成品油零售价格不降低；国际原油价格在40~130美元/桶时，成品油价格正常调整。这些措施使我国石油定价机制基本实现了与国际市场接轨。但由于全球化进程受阻以及新冠肺炎疫情暴发等因素，石油供需情况更为复杂，我国成品油定价机制还需进一步完善。

2011年底，我国以广东、广西为试点省份推进天然气价格形成机制改革。结合我国天然气供应链运行情况，将天然气价格管理调整为门站环节，将天然气定价方法改为"市场净回值"定价，对天然气实行最高上限管理，建立起与燃料油、液化石油气挂钩的天然气价格动态调整机制。2013年6月，实行新的天然气价格定价机制，主要包括增量气改革和存量气改革，使增量气价格与可替代能源价格保持合理比价；分三步调整存量气价格：2013年存量气价格提高0.4元/立方米；2014年，价格再次提高0.4元/立方米；2015年，存量气价格又一次提高0.04元/立方米。2015年增量气价格降低0.44元/立方米，存量气和增量气实现了价格并轨。2015年11月，在国际石油价格大幅下降的情况下，非居民用天然气价格降低0.7元/立方米。考虑天然气管道运输和增值税等因素，2017年8月，将非居民用天然气价格降低0.1元/立方米。我国通过以上天然气定价机制的渐进式改革，显著提升了天然气价格的市场化程度。天然气定价机制改革后，非居民用天然气价格由市场主导，其中30%左右的天然气价格实行"下浮不限、上浮20%"的弹性机制。天然气是全球重要的大宗商品，天然气交易市场是推进天然气市场改革、提升天然气定价影响力的重要途径。2017年9月，上海石油天然气交易中心首次进行管道天然气竞价交易。2018年4月，重庆石油天然气交易中心上线交易。上海、重庆两大石油天然气交易平台，既是天然气价格市场化改革的重要成果，也是参与国际能源合作的重要平台。我国要进一步推进天然气价格市场化改革，完善天然气输配价格监管新规则，实行制度化和精细化管理。

二、能源价格构成不合理

煤炭价格中并未完全包括煤炭开发、使用带来的环境损失等健康成本，导致煤炭过度开发和使用。煤炭开发导致的水资源问题尤为突出，煤炭资源与水资源逆向分布，晋陕蒙宁新等煤炭资源丰富地区水资源匮乏。煤炭开采过程中的矿井水利用率不足，仅为65%左右。煤炭开采产生的各种污染物，如重金属、矿物质等导致了严重的水污染问题。煤炭开采同时还造成了地下水降落漏斗、水位下降等问题，对水资源造成破坏，加深了缺水地区水资源供需矛盾。

煤炭对人体健康的影响主要包括两个方面：一是煤炭开采过程中对人体造成的直接损害；二是煤炭使用过程中对人体造成的间接损害。自然资源保护协会（NRDC）的煤炭消费总量控制研究项目显示，煤炭相关行业对PM2.5等主要污染物的贡献率高达50%~60%；煤炭行业中尘肺病造成的矿工伤亡，远高于其他各类事故伤亡总和。根据NRDC发布的《2012煤炭真实成本》，我国煤炭开发利用中的环境和健康成本为260元/吨，其中煤炭生产、运输、消费的外部成本分别为66.3元/吨、27.8元/吨和166元/吨。目前，煤炭价格中的环境税费仅为30~50元/吨，消费侧的排污费仅为5元/吨，远不能将煤炭对环境损害的外部成本内部化。研究结果还表明，煤炭消费侧的成本占外部性成本的64%，约为166元/吨，远高于当前排污收费标准。除对人体健康的影响外，煤炭开发和消费也会造成温室气体的排放，据测算一吨煤炭的全周期温室气体排放量约为2.179吨，尽管温室气体排放的社会成本争议较大，但主流模型对碳排放成本的估计显示，一吨煤炭全生命周期产生的最低温室气体社会成本为160.8元。因此，我国需进一步改革煤炭的定价机制，加大包括碳税在内的排污税费征收力度。通过制定合理的税费水平，利用价格手段控制煤炭的合理生产和消费。

石油开采、加工、转化、利用的全过程都会对水资源产生影响。从石油与水资源的分布来看，我国石油资源集中分布在松辽、渤海湾、鄂尔多斯、塔里木、准格尔、柴达木、珠江口和东海陆架等八大盆地，这些地区多属于缺水地区，不规范的石油开采可能影响水资源的保护及可持续利用。原油开采前期的钻井勘探、开采过程中的注水驱油，不仅会破坏区域天然水循环系统，耗用大量水资源，且原油泄漏、回注污水串层等也会对地表水、土壤和地下水造成污染，间接引起生态退化等问题。石油开采行业以油井落地原油与水基钻井液冒漏造成的污染最为严重，此外还存在油井喷漏、输油管线泄漏、油井落地原油等引起的污染问题。

石油开采过程还会产生挥发性有机物（VOC_S）、二氧化硫（SO_2）、氮氧化物（NO_X）、颗粒物（PM）等多种大气污染物，这些污染物是形成PM2.5和臭氧（O_3）污染的重要前体物。根据环境统计数据，2015年全国石油开采行业SO_2、NO_X、PM排放量分别为2.9万吨、2.8万吨、0.9万吨。

海洋石油开采与原油海运带来的原油泄漏事故会给海洋渔业、养殖业、滨海旅游业、海洋运输业等带来巨大的经济损失，破坏海洋环境，引起海洋生态系统异常变化。

总体上看，能源开发和生产过程中的环境污染治理成本、生产安全成本、环境污染治理成本以及资源消耗的合理补偿，未在或未完全在能源价格中体现，从而导致能源价格偏低，无法起到节约能源以及提高能源利用效率的作用。

第二节 能源的定价模型

能源价格改革的目标是建立科学、合理、透明的能源价格形成机制，使能源价格中包括能源资源成本、能源开发的工程技术成本、能源资源开发对生态环境破坏以及污染物排放的外部治理成本。能源资源优化配置的目标是减少能源资源开发对生态环境的破坏，减少能源使用中的污染物排放。同时，要充分利用能源收益，通过价格机制提高能源的利用效率，除满足居民生活和核心产业的基本需求外，将大部分能源通过价格机制分配到效率高的产业中，使能源得到充分利用。

当前，化石能源价格是按照能源资源开发的工程成本确定的，没有充分反映能源资源本身的价值、能源开发对生态环境的破坏以及能源利用的环境影响。能源的资源成本是指能源开采权的获取成本，能源的资源成本表现为级差地租，体现了资源所有者对资源的所有权，具有税收性质。考虑到化石能源的开发困难及时空分布不均，以及对同一化石能源连续追加资本，导致投资回报率存在差别，能源资源开发存在级差地租，即等量资本投在不同的化石能源开发中的回报不同等问题，可知资源成本实质是能源资源所有权及收益权转让在经济上的体现，往往由政府主管部门征收，归国家所有。生态环境成本主要是指能源开发以及能源利用对生态环境破坏的补偿成本。生态环境破坏成本的征收采用排放污染物当量或污染税的形式，以"污染单位"为基准，由政府收取，用于生态环境的治理。

能源资源开发企业拥有能源资源开发的权利，工程成本包括能源资源勘探开发工程更新改造、维护管理的费用。实践中考虑以能源污染当量或者税收的形式收取资源补偿成本和生态环境补偿成本，这部分收入由政府分配，国家用拍卖能源资源开采权取得的收入和征收环境污染当量或者污染税取得的收入设立资源可持续发展基金，用于治理生态环境、保障安全生产。此外，该部分收入还要用于勘探调研，开发能源资源，进行资源规划、保护、调度、监测以及信息公布与采集等。在计划经济历程中，我国能源供应长期实行低价，能源资源勘探开发资金主要由国家提供，能源成本没有包括能源资源开采权和对外部生态环境的治理两个最重要的组成部分。能源价格严重偏低，背离了能源稀缺的经济规律，造成能源利用效率低下。因此，我国需深化宏观调控下的能源外部成本内部化价格改革，使能源社会成本企业化，逐步建立起以市场为导向、以能源完全成本为基础供需、双方协商定价的能源价格形成机制，使能源价格真正反映能源价值。

一、能源资源成本定价模型

能源资源价格不是由自由竞争的众多生产者参与形成的市场价格。能源资源市场具有垄断性的特点，无法采用市场价格逆算法核算出能源资源价格，能源资源价格的确定是价格核算的难点。能源资源价值受到社会、经济因素的影响。能源资源越稀缺，其价值越高，"物以稀为贵"可以表明能源资源价值与稀缺程度的关系，能源资源价值受供求关系的影响很大。

能源资源价格是能源资源的地租价格，能源资源价格与能源资源的质量、技术可开采量等密切相关。能源资源本身的质量和技术可开采量共同决定了能源资源价格。能源资源价格是能源全成本定价的基础，能源资源成本的定价模型为：

$$P_1 = P_{11} \times S$$

其中，S 代表能源资源稀缺性价值，P_{11} 代表能源资源有用性价值。

1. 能源资源有用性价值 P_{11} 的确定

有用性是化石能源存在价值的基础。在我国，化石能源归国家所有，在资源使用权和所有权分离的情况下，由资源所有权派生的开发使用权可以出让、转让，个体为取得化石能源开发使用权必须支付相当于土地所有权的地租即资源地租，资源地租经过资本化就形成了资源成本。能源资源价值与其质量密切相关，能源资源质量差使得能源资源开发成本过高，从而使能源资源有用性价值降低。通常来说，在开发环境以及运输等其他条件相同的情况下，能源资源的质量越好，其用途也就越广，价值也就越大。

假定能源资源质量提高，能源资源有用性价值随之上升，当质量提高到一定程度后，能源资源有用性价值增速将减缓；随着能源资源质量的下降，能源资源有用性价值也下降，当质量下降到一定程度后，能源资源有用性价值增速也会减缓。假定能源资源质量的变化是连续的，则能源资源有用性价值变化也是连续的，假定其变化关系如图 4-2-1 所示。

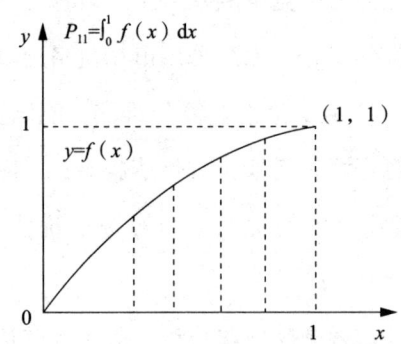

图 4-2-1　能源资源有用性价值与其质量的关系

假定某地区资源的质量为 x，$x \in [0, 1]$。当 $x=1$ 时，表明这种质量的能源资源可以适应一切需要；当 $x=0$ 时，表明这种质量的能源资源没有任何用途。就某一地区所供给的能源资源而言，其质量的变化并不是连续的。为简化处理，假设区域能源资源质量变化是连续的，并且 $y=f(x)$ 函数连续,利用最小二乘法进行多项式函数的拟合,即可计算出函数 $y = f(x)$ 的表达式。

求解 $y=f(x)$ 函数表达式的方法如下:

第一步,分析资源的质量类别,确定 (x, y) 的一组值。假定某化石能源的质量有 n 种类别,按质量由低到高分别记为:1 级,2 级,…,n 级。不同能源资源质量级别可以依次记为 $x_1, x_2, …, x_i, …, x_n$, $x \in [0, 1]$,$i = 1, 2, …, n$;相应质量的能源资源有用性价值级别依次为:$y_1, y_2, …, y_i, …, y_n$, $y \in [0, 1]$,$i = 1, 2, …, n$;相应能源资源质量级别的可开采的存储量为:$q_1, q_2, …, q_i, …, q_n$。可以得到:$y_i = f(x_i)$,$i = 1, 2, …, n$。能源资源总量为 $TQ = \sum_{i}^{n} q_i$,能源资源总价值为 $GV = \sum_{i}^{n} q_i y_i$。

第二步,利用线性最小二乘法进行多项式函数的拟合。假定要拟合的多项式函数为 $f(x) = a_m x^m + a_{m-1} x^{m-1} + … + a_1 x + a_0 = \sum_{i=0}^{m} a_i x^i$。

其中,$a_i (i=0, 1, …, m)$ 为待定系数,点列 (x_i, y_i) $(i = 1, 2, …, n)$ 已知,满足 $m < n-1$。假定 $H = H(a_1, a_1, a_2, …, a_m) = \sum_{i=1}^{m} [f(x_i) - y_i]^2$。

为了求解 $(a_0, a_1, a_2, …, a_m)$ 使 H 达到最小,需要利用求解极值的必要条件:$\frac{\partial H}{\partial a_i} = 0$,$i = 1, 2, …, m$,可以得到关于 $(a_0, a_1, a_2, …, a_m)$ 的线性方程组:

$$\begin{cases} \sum_{i=1}^{n} x_i^0 \left(\sum_{j=0}^{m} a_j x_i^j - y_i \right) = 0 \\ \vdots \\ \sum_{i=1}^{n} x_i^m \left(\sum_{j=0}^{m} a_j x_i^j - y_i \right) = 0 \end{cases}$$

记 $R = \begin{pmatrix} 1, & x_1, & \cdots, & x_1^m \\ 1, & x_2, & \cdots, & x_2^m \\ & & \vdots & \\ 1, & x_n, & \cdots, & x_n^m \end{pmatrix}$, $A = (a_0, a_1, \cdots, a_m)^T$, $Y = (y_0, y_1, \cdots, y_n)^T$

则上述方程组可以表达为：$R^TRA = R^TY$，由于 $x^1, x^2, \cdots, x^m$ 线性无关，因此 R 满秩，即 R^TR 可逆，可求出方程组唯一解：$A = (R^TR)^{-1}R^TY$，得到拟合曲线的表达式，即得出能源资源质量等级 x 与能源资源有用性价值 y 的函数表达式。

2. 能源资源稀缺性价值 S 的确定

能源资源的可开采量与其稀缺性价值有不可分割的必然联系。稀缺性是能源资源存在价值的必要条件，能源资源的有用性必须同稀缺性相结合才能形成价值。如果某种资源不稀缺，即使有用，它在经济上也不具有价值。

化石能源是在漫长地质条件下生成的有用物质富集体，而这种富集的程度必须达到可供工业开发利用的标准，要求化石能源资源必须在质量上和数量上满足开采标准，在经济上能够达到投入与产出相等的水平，并具备一定的内外部开发建设条件。因此，化石能源在已有开采技术条件下是稀缺的。

化石能源价值来源于资源的稀缺性和有用性，随着资源开采技术的进步和人类需求的增长，劣等能源资源的开发成为必要，为保证开发劣等能源资源的投资者也能取得平均利润，开发较优能源资源的投资者须以高价出售资源产品，获得包括超额利润在内的高利润。能源资源的级差利润是指市场经济条件下能源资源的级差地租，在投资开发者手中是超额利润，转移到所有者国家手中是级差地租。能源资源的级差利润向级差地租的转变，是国家对能源资源所有权在经济上的体现，即化石能源开采权的拍卖价格。

由能源资源所有权的垄断而形成的绝对地租，是指除了级差地租外，开采任何化石能源，即使是劣等化石能源，也要支付给能源资源所有者的地租。其主要产生原因是，相对于其他产业，能源资源产业没有原料成本支出，其资本有机构成比社会平均资本有机构成低，利润水平比其他产业高。较差能源资源的剩余价值减去其他产业平均利润的部分就是绝对地租。能源资源的绝对地租可以用于成立能源资源可持续发展基金，加强能源资源合理开发利用研究、指导、管理和监督等。确定能源资源的稀缺性价值要以其有用性为前提。为计算方便，假定某区域能源资源有用性与全国其他区域内的有用性相同。化石能源资源的稀缺性主要体现为相对性，通过以下指标可以确定区域能源资源稀缺性价值修正参数，即以当前技术水平下区域可开采能源资源量、人口数量与全国平均水平的对比结果反映能源资源的稀缺状况。不妨假定全国范围内能源资源的稀缺性价值与有用性价值相同。

区域人均能源资源量：$d_1 = \dfrac{d_{11}}{d_{12}}$，其中，$d_{11}$、$d_{12}$分别表示区域与全国的人均能源资源占有量。描述资源稀缺性的当量值d_1具有以下性质：

若$d_1 > 0$，表明d_1对于确定能源资源稀缺性价值是必须考虑的因素，并且d_1越小，表明该区域能源资源越稀缺，其稀缺性所体现的价值也越大；相反，d_1越大，表明该区域的能源资源越丰富，能源资源的稀缺性越小，其稀缺性所体现的价值也越小。

区域资源稀缺性修正参数应为：$S = \beta \times \delta = \left(\dfrac{1}{d_1}\right) \times (d_2)$。

按照如下方式确定区域资源稀缺性修正参数 β，$\beta = 1/d_1$，其中，β 为稀缺性因素当量的权值，权值 β 应满足随着 d_1 的减小而增大。

β 越小，稀缺性所体现的价值越小，表明区域资源越丰富；β 越大，稀缺性所体现的价值越大，表明该区域资源越稀缺。当 $\beta=1$ 时，表明全国与该区域资源稀缺性程度一致；当 $\beta>1$ 时，表明全国资源稀缺性程度低于该区域；当 $0<\beta<1$ 时，表明全国资源稀缺性程度高于该区域。应当注意，该区域人均能源资源的丰枯状况，只能初步通过按上述方法所确定的区域资源稀缺性修正参数 β 反映，还应考虑人均资源消费量以调整区域资源稀缺性修正参数。

3. 煤炭资源的有偿开发与化解过剩产能相关政策

我国现行矿业税费主要包括在矿产资源开采和销售环节征收的矿产资源税、矿区使用费以及矿产资源补偿费。其中，矿产资源税是核心，目的是调节矿产资源禀赋优势差异所产生的级差收益。矿产资源税通常从量定额计征，级差调节。

1996年，修订版《中华人民共和国矿产资源法》（以下简称《矿产资源法》，现已被修改）的颁布标志着我国正式开始实行矿产资源有偿使用制度。

《矿产资源法》规定：采矿权和探矿权实行有偿取得的制度。2006年10月，国务院发布了《国务院关于全面整顿和规范矿产资源开发秩序的通知》和《国务院关于同意深化煤炭资源有偿使用制度改革试点实施方案的批复》两个文件，目的是理顺矿产资源价格形成机制、加快推进矿产资源有偿取得。同时，财政部等部门发布的《关于深化煤炭资源有偿使用制度改革试点的实施方案》，对陕西、黑龙江、山西、内蒙古、河南、贵州、安徽、山东等煤炭主产省（区）试行煤炭资源有偿使用制度，并明确提出了5点措施：

(1) 煤炭资源探矿权和采矿权实行有偿取得制度

按照"用之于矿、取之于矿"的原则，除特别规定外，在试点省（区）出让新设煤炭资源采矿权、探矿权必须通过市场竞争方式（拍卖、挂牌、招标等）进行。矿业权价款收入按照地方财政80%、中央财政20%的方式分配。除用于解决国有老矿山企业的历史包袱外，国有地勘单位以及国有企业矿产资源的勘查费用都来自地方分成部分。补充中央地质勘查基金，则主要来自中央分成部分。

(2) 中央财政地质勘查基金将主要投向煤炭资源勘查

自2006年开始，中央财政投资成立地质勘查基金，其收入来源主要包括：探矿权和采矿权价款、以股份形式上缴的股权收入、股权变现收入以及财政预算资金等。

(3) 建立生态恢复和矿山环境治理责任机制

地方政府有重点地分步解决不能归属于企业或者个人的煤矿环境问题，按照政府监督、专款专用、企业所有的原则，参照矿井剩余服务年限，按照煤炭销售收入的比例，试点省（区）煤矿企业应每年预提恢复治理矿山环境保证金并将其列入成本。试点省（区）要制定生态恢复和矿区环境规划，按照政府和企业共担的原则，加大对遗留的煤矿环境问题的投入。

(4) 合理调整煤炭资源税费政策

建立和完善采矿权和探矿权的动态调整使用费机制，适当调整煤炭资源采矿权和探矿权使用收费标准。研究煤炭资源税的计征办法，根据煤炭资源利用率情况，由相关部门研究调整煤炭资源税税额。由国家发展和改革委员会与财政部、国土资源部研究矿产资源补偿费率，探索建立浮动矿产资源补偿费率制度。为确保煤矿安全技术改造资金来源，按有关规定，各类煤矿企业要足额提取煤矿补偿费和生产安全费用。

(5) 加强煤炭资源宏观调控和开发管理

促进公正、公平、公开交易和煤炭等矿业权有序流动,规范煤炭资源等采矿权、探矿权交易市场。为探索建立国家煤炭等矿产地储备制度,国家发展和改革委员会与财政部、国土资源部等部门研究制定了煤炭资源采矿权和探矿权一级市场的相关措施。加强指导地方煤矿资源规划,制定煤炭资源勘查规划,对规划矿区的煤炭资源进行普查和详查,组织编制采矿权、探矿权设置方案。研究制定煤炭资源开发准入标准,鼓励企业兼并重组,促使煤炭企业集约化、规模化经营,提高煤炭资源利用率,转变煤炭资源开发利用方式,规范和整顿开发矿产资源秩序。2018年4月9日,国家发展改革委等六部委发布《关于做好2018年重点领域化解过剩产能工作的通知》,其中要求:

第一,提高煤炭供给体系质量。

煤炭去产能的重点是结构性去产能和系统性去产能,提高南方地区煤矿去产能退出标准,严肃处理违法违规行为,分类管理煤矿建设项目,坚决退出环保问题突出、安全没有保障的煤矿。加快北方优质煤炭资源产能建设,强化煤炭产能置换等市场手段,保持煤炭供需平衡和价格稳定,优化煤炭布局,推进煤电联营,推动煤炭企业转型升级,实现煤炭行业高质量发展。

第二,鼓励企业实行跨所有制、跨地区兼并重组,优化煤炭产业布局。

重点开发北方大型现代化煤矿,压减南方中小煤矿,降低生态环境脆弱地区煤炭开发强度;在陕北、神东、晋东、晋北和新疆大型煤炭基地开展煤炭产能协作与跨区域煤炭产能指标交易,重点向煤炭优势地区和企业聚焦。

二、工程成本定价模型

1. 前期投入费用的确定

能源资源要成为可以利用的能源产品必须要投入一定量的成本费用。

劳动耗费的成本都要在能源工程成本中得到体现，如资源的开发、勘测、保护等各项费用。

设第 t 年投入的前期基础工作费用为 C^t，n 为基础工作费用连续投入的累计年数，资本机会成本或折现率为 i，则累计投入的前期基础投资费用为 $\sum_{t}^{n} C^t(1+i)^{n-t+1}$。

2. 工程成本中的直接生产成本

直接生产成本指能源资源开发直至产生能源产品全过程耗费的活劳动和物化劳动，即资源开发和生产部门现实而直接的费用。

根据能源资源开发的特点，并结合能源资源生产成本、费用核算办法，可将能源资源开发利用的直接生产成本表示为：

$$C_d = C_1 + C_2 + C_3 + C_4 + C_5 + C_6 + C_7$$

其中，C_d 代表能源资源开发利用的直接生产成本；C_1 代表直接材料费，包括燃料动力费和电费；C_2 代表直接工资，包括直接从事能源资源开发人员的奖金、工资、补贴和津贴；C_3 代表制造费用，指为组织和管理资源开发生产而发生的福利费和管理人员工资及租赁费、修理费、资产折旧费以及其他制造费用；C_4 代表其他直接支出，指资源开发生产过程中发生的监测费、从事资源开发生产人员的职工福利费等支出；C_5 代表管理费用，指为管理和组织资源开发生产而产生的管理机构经费，如无形资产摊销、土地损失补偿费、职工教育经费、土地（岸线、海域）使用费、工会经费、开办费摊销、业务招待费、劳动保险费等；C_6 代表财务费用，指为资源开发生产筹集资金而发生的费用，包括经营期间发生的金融机构手续费、利息支出及因筹资发生的其他费用；C_7 代表营业费用，指因向用户提供能源产品而发生的资源计收机构经费，包括差旅费、人员工资及福利、折旧费、修理费、办公费及其他营业费用。

准确核算直接生产成本是合理计算能源价格的重要环节,根据能源资源开发生产承担的功能、任务,合理分摊直接生产成本,确定分摊比例,采用工作小时比例法、人员工资比例法及资源产出量比例法等进行计算。

三、生态环境成本定价模型

生态环境成本是指生态环境的恢复与治理成本。在化石能源的开发以及使用过程中,会出现空气污染、农作物损害、耕地质量降低、地表塌陷等破坏生态环境的情况。为避免环境恶化、改善恶化的生态环境,需收取补偿费用,其中包括污染治理费用和弥补污染所造成的损失而支付的费用,由国家主管部门以税费的形式收取。

估算能源使用及资源生产开发对生态环境产生的破坏较困难,通常采用外部成本评估方法,大体可分为三类:意愿调查评估法、替代市场法、直接市场法。

意愿调查评估法的调查对象(调查者)宣称的"意愿",很可能并非其真实意愿,可信度较低;替代市场法是多因素综合作用的结果,很难从中分离出单独同环境因素作用的结果,可信度较低;直接市场法则基于充分的信息和明确的因果关系,所得出的结果通常比较客观。但直接市场法需要市场价格数据和足够的实物数据量。

现实可行的生态环境成本的测算方法,即按照我国排污收费办法估算能源资源开发以及能源使用造成的生态环境成本。

能源开发的生态环境成本及能源使用带来环境污染造成的经济损失组成的生态环境成本 P_3 可表示为:

$$P_3 = \frac{1}{W_3} \sum_{i=1}^{m} K_i H_i$$

其中,H_i($i=1, 2, \cdots, m$)是能源资源开发以及能源利用排放的第 i

种污染物的排放的当量数；K_i 表示污染当量的收费单价；W_3 表示资源开发及能源使用所造成的实际环境污染；m 表示污染物最大种类数量。

四、全成本定价模型的计算

在确定能源的全成本模型时，能源资源开发企业必须获取利润，同时，还要缴纳相应的税金。

能源资源开发企业的税金，主要包括企业所得税、印花税、增值税等，能源资源开发企业应纳税额＝所得税率×（能源资源开发企业收入总额－准予扣除的项目金额）。假定 E 为能源资源企业的平均利润率，T 为企业应缴税的税率，则基于上述因素的能源全成本定价模型为：

$$P = \left[(\beta \times \delta) \times \int_0^1 f(x)\,dx + \frac{\sum_{t=1}^{n} C_t(1+i)^{n-t+1}}{W_1} + \frac{C_1 + C_2 + C_3 + C_4 + C_5 + C_6 + C_7}{W_2} + \frac{1}{W_3}\sum_{i=1}^{m} K_i H_i \right](1 + E + T)$$

其中，P 表示能源产品的价格，W_1 表示经过资源规划、勘探、储量和质量监测、评价等，确定的区域内能源资源可供给量；W_2 表示现有技术条件下每年实际供给的能源产品所耗费的资源量；W_3 表示由于资源开发生产以及能源产品使用所造成的实际环境污染量；E 为资源开发生产企业应该获得的平均利润率；T 为资源开发生产企业应缴税税率。

从经济角度看，合理的能源价格体系是持续利用资源的关键，能源价格体系会对资源开发企业和使用者的观念及行为产生影响。由于难以精确测算能源资源稀缺性价值和有用性价值，加之能源全成本定价模型中的变数多、涉及因素多，能源全成本定价模型仅为一个理论框架，难以直接应用。

能源资源的产权关系通过成本费用分配，由能源资源管理部门统一征收社会机会成本及外部环境成本，合理的能源价格是调整能源使用行为的关键因素。

能源全成本价格将能源资源开发企业和能源使用行为都纳入能源成本，这必然使能源资源开发企业以及能源使用者重新审视自身行为。如果消费者支付的能源费用低于能源实际成本，就会造成能源资源的过度开发或浪费。

当能源完全成本过高时，尽管有利于能源资源的保护，但未能将经济增长与能源资源可持续利用结合起来，一定程度上会制约经济增长；当充分考虑能源完全成本时，就能够做到适度开发能源资源，并且保证经济的可持续增长。

采用能源全成本定价模型推进能源资源价格改革需要注意以下两个方面：

1. 完善资源产权制度

市场化改革只能在产权明晰的前提下进行，如果产权不明晰，则难以避免利益纠纷。能源价格失真必然会导致能源资源浪费、环境污染，使能源资源的优化配置难以实现。只有产权明晰，交易者才能够识别交易物品权属的边界、归属及类型，交易才能顺利进行。在产权不清晰的情况下，能源价格不能真正反映资源价值和社会补偿，建立明晰的产权制度是政府的基本功能，政府必须介入能源资源产权的界定，降低能源资源产权的交易费用，提供公正、公平的制度环境。

从法律上看，国家是能源的所有者，但实际上，地方政府和国有企业才是能源的直接占有者，它们拥有对能源的处置权和相当程度的收益权。因此，为确保能源所有者的利益，必须建立归属清晰、权责明确、流转顺畅、保护严格的现代产权制度。

2. 坚持以市场为主,政府为辅

坚持以市场为导向,推进能源行业改革。价格是市场机制的核心,通过价格信号可以实现对资源的基础性配置,但市场也存在失灵的时候,因此只依靠市场机制还远远不够。为实现能源资源的可持续利用,应采取以市场定价为主、政府干预为辅的定价方式。政府对能源价格的干预主要包括两方面:一是政府必须要对具有自然垄断特性的能源资源进行监管。能源管理体制的改革应与能源价格改革同步进行,如果能源垄断不破除,改革就会成为垄断企业牟取暴利的手段。只有打破能源垄断,才能促进能源价格改革的顺利进行,形成能源市场价格。如果只是消除能源价格的行政管制,居于垄断地位的能源企业就会倾向于强化其既得利益,进而损害中下游企业及居民的利益。二是对可竞争的能源资源采取市场机制下的能源全成本定价,放宽价格管制,真实反映能源资源成本、生产成本和外部环境成本以及能源供求关系。

第三节 煤炭开采及消费对外界的影响

一、煤炭开采对生态环境及人体健康的影响

煤炭开采过程对水资源的影响主要体现在矿井水的利用和排放方面。矿井水是煤炭开采过程中排出的水资源,其来源包括大气降水、地表水、地下水和生产废水等。矿井水中的污染物主要包括悬浮物、重金属、矿物质以及特殊污染物等。煤炭开采造成的水环境污染是多方面的,开采形成的矿洞容易造成地下水污染,特别是在岩溶含量较多的地区,煤炭开采对岩溶水的污染更为明显。煤炭开采过程中的煤矸石堆积,随着降雨地表径

流的冲刷，造成地表水环境污染，进而造成地下水污染。洗煤水含有悬浮物、煤泥和泥沙等各种污染物，未经处理直接排入河道容易造成地表水污染。煤矿在开采过程中，河流底泥中沉积的有害物质会影响水体的水质。

煤矿开采对地下水的污染分为直接污染和间接污染两种形式。第一种是煤矿开采在一定程度上破坏了煤层底板，造成大量有害物质随着地下水流迁移，污染深层岩溶水，称为直接污染。第二种是矿区排水未经任何处理排出井外，造成地表水的污染，进而污染地下水，以及浅层煤矿区大规模巷道开挖造成地表植被的破坏、岩溶塌陷、地表塌陷及裂缝等，相应地引起地表渗透条件变化，使得被污染的地表水对地下水的补给加强，通过地表污染河渠侧方补给污染地下水，称为间接污染。

在煤矿开采过程中，会产生大量的煤矸石，这些煤矸石会因淋溶作用进入地表径流，对周边溪流水造成污染，通过食物链等途径危害人体健康。在污水排放方面，与煤炭转化和消费关系密切的行业，例如煤化工、化学原料及化学制品制造业，电力、热力的生产和供应业，黑色金属冶炼及压延加工业，石油加工、炼焦及核燃料加工业，煤炭开采和洗选业等位于分行业废污水排放量的前列。煤化工企业排放的污水主要是高浓度煤气洗涤污水，其化学需氧量（COD）通常在 5000mg/L，氨氮含量为 200~500mg/L，典型的工业废水中含有的难降解有机化合物主要包括多环芳香烃化合物和酚类以及氮、氧、硫的杂环化合物等。煤炭开采改变了已有的地壳力学平衡，引起地表塌陷，破坏生态系统和地表水利设施，地表沉陷已经成为亟须解决的地质环境问题。煤炭资源开发使得地表植物受到严重破坏，造成了土地沙化等生态问题，使得脆弱的生态环境更加恶化。煤炭生产对人体健康的影响主要体现在两个方面：一是煤炭生产导致的人员死亡；二是煤炭生产导致的职工职业性损伤，如尘肺病等。

二、煤炭开采对环境与人体健康的影响

交通运输外部成本主要包括噪声、运输过程中产生的空气污染、运输的事故成本等。运输的事故成本包括交通事故经济损失，除了事故造成的直接车辆、人员和物质损失，也包括事故造成的社会机构服务损失和交通延误损失等。交通运输工具产生的噪声是环境噪声污染的主要噪声源之一，约占城市噪声的70%。交通运输工具还会向大气中排放烟尘和有害气体，对人体健康造成损害，这些污染物的种类与交通运输工具的类型和燃料密切相关。

从煤炭消费的行业分布来看，电厂锅炉、工业锅炉、煤化工以及建材窑炉消耗了超过90%的煤炭量。其中，电厂锅炉是第一用煤大户，占全国煤炭消费总量的51%；其次为工业锅炉、煤化工以及建材窑炉，占全国煤炭消费总量的比重分别为21%、15%和7%。煤炭消费导致二氧化硫、氮氧化物、烟粉尘在重点行业和重点区域集中排放，严重影响了空气质量。我国PM2.5污染严重区域主要集中在煤炭消费量大、经济发达的京津冀、长三角、山东半岛、成渝地区、武汉及周边城市群、长株潭城市群以及河南省和安徽省等区域。煤炭燃烧产生的二氧化硫、氮氧化物及烟粉尘均会促进PM2.5的形成，排放到大气中的污染物，经过干湿沉降、化学氧化等物理化学过程和空间传输会形成PM2.5等二次污染物。此外，煤炭消费还是大气汞排放的主要来源。

二氧化硫在以煤为主要能源的发展中国家是主要污染物，可对人体产生多种毒害作用，其健康效应备受关注。随着二氧化硫平均浓度的增加，呼吸系统疾病、心脑血管疾病的入院率也相应增加。二氧化氮除对人体有直接危害之外，还是室外空气中产生光化学烟雾的前体物，在强烈阳光照射下，二氧化氮可与烃类物质相互作用，发生一系列光化学反应，产生具

有强氧化性的光化学烟雾，对眼、呼吸道有明显的刺激性，并且会增加过敏源，对患有心脏病和肺部疾病的人群影响更为明显。

第四节 煤炭价格政策取向

我国煤炭市场化改革已取得了突破性进展，初步建立了煤炭价格市场化机制，煤炭价格已逐渐与国际煤炭价格接轨。近年来，我国对生态环境的保护意识有所增强，煤炭利用和开采的政策性成本逐渐提升。我国通过进一步提高煤矿安全标准，令煤矿工人死亡率大幅下降，煤矿安全生产形势逐步好转，初步遏制住了重特大煤矿事故。我国坚持市场化改革方向，按照科学发展观的要求，在更大范围、更大程度上依靠市场机制配置煤炭资源，建立反映市场供求关系与稀缺程度的价格机制，为转变经济增长方式和建设节约型社会创造了良好环境。煤炭价格政策目标包括：理顺反映煤炭成本变化的价格传导机制，建立反映资源稀缺程度的价格机制，建立和完善市场发现价格机制，制定合理的煤炭与替代能源之间的比价关系，构建煤炭资源储备体系，建立涵盖地方的全国性煤炭交易平台。

一、建立和完善煤炭市场发现价格机制

煤炭价格的大幅波动对其他商品的物价影响巨大。随着经济全球化进程的加快，以及社会主义市场经济体制改革的不断深入，尽管煤炭政府定价机制能够稳定煤炭市场价格，但同时也扭曲了煤炭市场的供求关系。合理控制煤炭资源开发，对建立资源节约型、环境友好型社会意义重大。合理的煤炭价格机制应该考虑煤炭产区、煤矿企业、煤炭品种、运输成本等因素，与国

际煤炭价格相匹配。这也是建立煤炭市场发现价格机制的关键环节。

二、建立煤炭成本与价格传导机制

1. 建立反映资源稀缺程度的价格机制

我国煤炭资源回采率较低,资源浪费严重,世界主要产煤国家的回收率远超我国。因此,保护特殊的稀缺煤种和优质煤炭资源、建立煤炭资源储备制度、降低煤炭资源开发强度具有重要的战略意义。建立反映资源稀缺程度的煤炭价格机制,主要依靠市场优化配置煤炭资源和调节价格,适度提高优质煤炭品种以及特殊煤炭品种的市场价格,降低煤炭资源的开发强度。

2. 建立煤炭外部成本的内部化机制,推进煤炭的全成本化

尽管我国正在推进矿区生态环境治理与恢复、煤炭可持续发展和资源枯竭转产发展以及资源有偿使用机制等改革措施,但这些改革内容与煤炭的完全成本关联不大,建立煤炭外部成本的内部化机制,推进煤炭的全成本化需要较长的时间。如果不能满足煤矿持续发展条件,煤炭产能就会萎缩。根据我国的国情,煤炭全成本包括煤炭资源使用、企业转产发展、煤矿安全和生产、矿区环境的保护和恢复等过程的成本及相关费用。

3. 建立顺畅的价格与成本传导机制,逐步形成合理的成本分配机制

随着人们生态环境保护意识的增强、建设煤矿标准的提高,在煤炭全成本化的推进过程中,煤炭的总体成本还会逐步提高,煤炭生产企业无法完全负担煤炭成本,下游煤炭企业也要承担一部分煤炭成本。

从我国煤炭市场化改革的实际出发,形成煤炭价格与成本传导机制,建立利益主体成本分配机制,必须遵循以下四个原则:

一是完善煤炭价格的市场化机制,塑造煤炭价格的市场化环境。政府

应注重通过基金征收、专项费用和财税等政策手段，规范价格行为和竞争秩序，注重发挥市场定价的基础作用，并培育相应的体制环境，确立煤炭市场运行中企业的主体地位，减少政府对煤炭市场的干预，坚持煤炭定价的市场化。

二是积极推进煤炭铁路运输改革、电力价格改革，促进煤炭上下游产业改革，理顺相关产业与煤炭的价格关系。由于政府垄断经营电力和煤炭铁路运输产业，尽管经过了多年煤炭市场化改革，我国还没有形成市场化的终端电力价格与铁路运输价格，上网电价、铁路运价都由政府定价，而煤炭与电力、煤炭铁路运输产业密切相关，因此，煤炭价格的市场化定价机制还没有完全成熟。

三是发展现代煤炭物流体系，大幅降低煤炭运输成本。我国煤炭资源分布不均，煤炭转运与运输环节多，交易费用较高，为规范煤炭市场秩序，建议尽快构建现代煤炭物流体系，通过煤炭供需方中长期协议、期货贸易与现货交易，逐步建立起风险共担、利益共享的煤炭价格与成本传导机制，加强煤炭产供需三方的信息交流。

四是建立煤炭期货市场，完善煤炭价格指数。构建煤炭期货市场，指导煤炭远期交易，确定煤炭远期价格，帮助煤炭企业避免煤炭价格波动带来的市场风险；完善煤炭价格指数，指导煤炭交易，实现煤炭套期保值，理顺煤电价格，规避市场风险。

4. 建立煤炭与相关能源产品的比价关系

建立能源产品间的比价关系，需要满足国际性标准和经济性标准，即保持国际能源价格水平与我国能源价格水平大致相同，或者国际能源比价与国内能源比价基本相当；能源产品比价体系应该符合经济性原则，使不同能源产品的使用成本大致相等，还应该反映能源品种的利用效率、能源产业的开发成本和资源稀缺性及赋存条件，促进能源产业间的协调发展，合理配置能源资源，稳定能源市场秩序。

第五节　能源阶梯定价的博弈分析

本节仅从能源阶梯定价视角分析能源供给的可持续性问题，因农业、工业、第三产业的万元 GDP 能耗不同，采用能源阶梯定价可以优化产业结构，将有限的能源分配到最具经济效率的产业中去，实现能源使用效益最大化。

一、能源阶梯定价的博弈模型

1. 模型的基本假设

能源定价涉及能源主管部门、能源供给企业和耗能企业三个利益相关者。我们对能源定价的约束条件和目标函数作以下假定：能源主管部门制定能源使用的政策，目标是追求环境约束下的能源使用总收益最大化。能源主管部门拥有对能源供给企业的制约权。

能源市场化要求能源供给企业在满足市场需求和能源政策约束的条件下确定能源供给量，目标是追求能源供给成本最小化。耗能企业目标是在成本预算约束下最大化企业利润，不同耗能企业应根据自身情况，选择合适的能源使用量。

2. 能源统一定价的低效率分析

能源统一价格与能源阶梯价格的比较如图 4-5-1 所示，为简化分析，我们将耗能企业分为高能耗企业和低能耗企业，假定高能耗企业单位 GDP 能源消耗量高，低能耗企业单位 GDP 能源消耗量低。

如果能源主管部门制定能源统一低价格 P_L，则高能耗企业消费量为 Q_H 单位，低能耗企业消费量为 Q_L 单位，如果能源主管机构采取能源统一高价格策略，即设定价格为 P_H，则高能耗企业消费量为 Q_H^* 单位，低能耗企业消费量为 Q_L^* 单位。显然有 $Q_H + Q_L > Q_H^* + Q_L^*$，即能源价格提高具有降低能源消耗的效果。

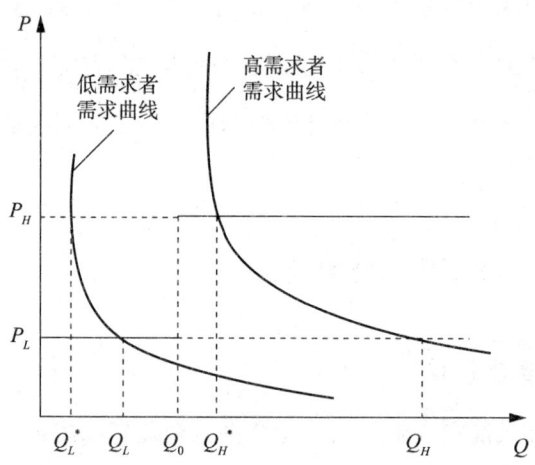

图 4-5-1　能源统一价格与能源阶梯价格的比较

在其他生产要素价格不变的情况下，提高生产要素中的能源价格，则企业的成本预算线如图 4-5-2 所示，均衡点从 E_1 移动至 E_2，企业生产的产品数量减少。

由于关键企业提供的产品或服务不可缺少，按照能源统一定价政策，如果能源价格 P 提高到一定程度（超过关键企业能源使用的边际收益），会导致关键企业提供的产品或者服务不足。

3. 能源阶梯定价的博弈分析

（1）耗能产业能源消耗的行为分析

假定能源主管部门实行能源阶梯定价政策，$P = \begin{cases} P_L & Q \leq Q_0 \\ P_H & Q > Q_0 \end{cases}$，$Q_0 \geq W_0$，

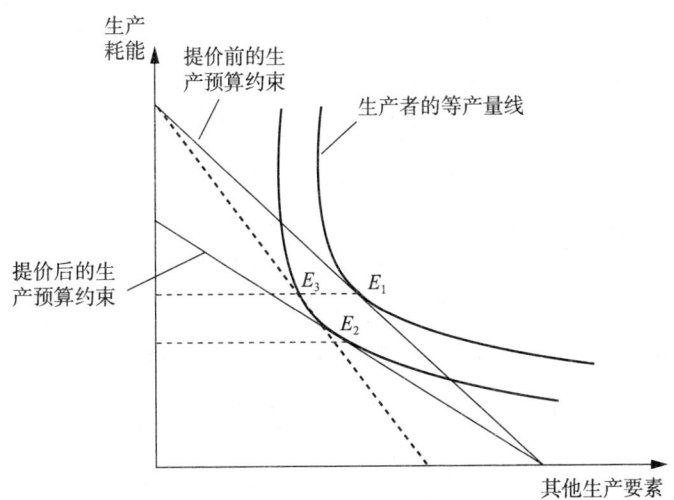

图 4-5-2 提高能源价格对关键工业产量的影响

$P_H \geqslant P_L$，$P_H = P_L$ 表示实行能源统一价格；Q_0 表示能源主管部门制定的能源配额，大于配额 Q_0 的能源收取高价 P_H，反之收取低价 P_L，W_0 为关键企业（例如第二产业中的装备制造业以及农业中的粮食种植业等）提供最基本的产品及服务必须使用的能源量。

成本预算约束下，耗能产业在能源和其他生产要素中做选择，能源价格由能源主管部门制定的能源政策决定，其他要素价格为 P_x，由市场外生确定。

假定高能耗企业的能源使用量为 Q_H、其他生产要素使用量为 X_H，其成本约束为 R_H；低能耗企业的能源使用量为 Q_L、其他生产要素使用量为 X_L，其成本约束为 R_L。

假定耗能企业具有相同的柯布—道格拉斯函数，则预算约束下企业能源使用量为：

高能耗企业：

$$\pi_H = \underset{Q_H, X_H}{\text{Max}} \beta_H \ln Q_H + (1 - \beta_H) \ln X_H$$

$$\text{s.t.} [P_LQ_0+P_H(Q_H-Q_0)]+P_xX_H=R_H$$

低能耗企业：

$$\mu_L = \underset{Q_L,X_L}{\text{Max}} \beta_L \ln Q_L + (1-\beta_L)\ln X_L$$

$$\text{s.t.} P_LQ_L+P_xX_L=R_L$$

（2）能源供给企业的行为分析

能源供给企业的能源定价原则主要包括以下几种：效率原则，即按照单位能源 GDP 产出最大原则，将能源配置到能源使用效率高的企业中；公平原则，保证居民生活基本能源需求、关键企业基本能源需求，确保能源使用的区域公平和代际公平；能源定价全成本原则，体现在能源价格要涵盖能源资源成本、工程技术成本以及生态环境成本。

在上述原则指导下，能源主管部门的能源管制包括两个方面：除制定能源供给价格政策外，还要根据能源供给企业的盈亏以及是否予以补贴，规制能源供给企业的利润 π_0。$(P_H-c)(Q_H-Q_0)+(P_L-c)(Q_L+Q_0)=\pi_0$，外生 $\pi_0>0$ 表明企业盈利，$\pi_0<0$ 则表明企业亏损，需要能源主管部门给予财政补贴。

假定能源供给企业在能源主管部门管制下，根据市场需求和能源开发技术条件，在满足市场需求 $Q=Q_H+Q_L$ 的情况下，选择能源供给量 Q 和能源的全成本 c，在能源供给企业利润既定的情况下，实现能源生产的最小总成本：

$$\underset{Q,c}{\min} cQ$$

$$\text{s.t.} \begin{cases} Q=Q_H+Q_L \\ (P_H-c)(Q_H-Q_0)+(P_L-c)(Q_L+Q_0)=\pi_0 \end{cases}$$

（3）能源主管部门的行为分析

能源主管部门的行为包括制定能源配额 Q_0、配额 Q_0 范围内的能源价格 P_L、超过配额 Q_0 的能源价格 P_H 及能源供给企业的利润 π_0（外生的政策变量），能源主管部门的决策目标为：

$$\max_{P}\left(\pi_H+\pi_L+\frac{\pi_0}{Q}\right)$$

结合以上分析，得到能源阶梯定价的博弈模型：

$$\max_{P}\left(\pi_H+\pi_L+\frac{\pi_0}{Q}\right)$$

$$\text{s.t.}\begin{cases}\min_{Q,C} cQ \\ \text{s.t.}\begin{cases}Q=Q_H+Q_L \\ (P_H-c)(Q_H-Q_0)+(P_L-c)(Q_L+Q_0)=\pi_0\end{cases} \\ \pi_H=\max_{Q_H,X_H}\beta_H\ln Q_H+(1-\beta_H)\ln X_H \\ \text{s.t.}\ [P_LQ_0+P_H(Q_H-Q_0)]+P_xX_H=R_H \\ \pi_L=\max_{Q_L,X_L}\beta_L\ln Q_L+(1-\beta_L)\ln X_L \\ \text{s.t.}\ P_LQ_L+P_xX_L=R_L\end{cases}$$

其中，π_0 为规制能源供给企业的利润，π_H、π_L 分别为高能耗企业和低能耗企业的利润；Q 为能源供给量，Q_H 为高能耗企业的能源使用量、X_H 为其他生产要素使用量，R_H 为其成本约束；Q_L 为低能耗企业的能源使用量、X_L 为其他生产要素使用量，R_L 为其成本约束。

β_H，β_L 用来刻画企业能耗类型，$1>\beta_H>\beta_L>0$，Q_0 表示能源主管部门制定的能源配额，大于配额 Q_0 的能源收取高价 P_H，反之收取低价 P_L。

按逆向归纳法求解可得高能耗企业和低能耗企业的反应函数分别为：

$$Q_H=\frac{\beta_HR_H}{P_H}+\left(1-\frac{P_L}{P_H}\right)Q_0;$$

$$Q_L=\frac{\beta_LR_L}{P_L}$$

能源供给企业的反应函数为：

$$Q = \frac{\beta_H R_H}{P_H} + \frac{\beta_L R_L}{P_L} + \left(1 - \frac{P_L}{P_H}\right) Q_0$$

$$c = \frac{\beta_H R_H + \beta_L R_L - \pi_0}{Q}$$

能源主管部门的价格决策为：

$$P_H = \frac{\dfrac{1}{(1+\alpha)^{2\pi_0 - \beta_H Q_0}}}{\beta_L Q_0 - \dfrac{\alpha}{(1+\alpha)^{2\pi_0}} \times \dfrac{\beta_H R_H}{Q_0}}$$

$$P_L = \frac{\beta_H R_H}{Q_0}$$

情形（1）：

$$\alpha = \frac{\beta_L R_L}{\beta_H R_H} < 1$$

情形（2）：

$$P_H = \left(1 + \frac{\beta_H (R_H - R_L)}{\beta_H R_L - Q_0 P_L}\right) \times P_L$$

由假设 $P_H \geq P_L$，$R_H > R_L$，可得 $P_L < \dfrac{\beta_H R_L}{Q_0}$。

二、能源阶梯定价的扩展分析

1. 基于"硬约束条件"的博弈模型扩展

上文所介绍的模型只考虑了能源主管部门、能源供给企业及耗能企业间的博弈，得出了能源阶梯定价符合能源使用效益最大化的结论。但实际上，求解模型时还要考虑其他"硬约束条件"，包括能源开发的总量平衡约束、居民能源使用的最低保障约束、关键企业能源使用的最低保障约束，以及生态环境平衡约束。

（1）能源开发的总量平衡约束

$$\sum TE \leqslant \min(TE_{ava}, TE_{supply})$$

其中，$\sum TE$ 是所有产业能源需求总量，TE_{ava}，TE_{supply} 分别是指当前技术条件下可开采的能源总量和已经开发生产出的能源可供总量。

（2）居民能源使用的最低保障约束

$$\sum TE_{down} \geqslant \sum \mu \times MINYE_{urban} \times POP_{urban} + \sum \mu \times MINYE_{rural} \times POP_{rural}$$

其中，$\sum TE_{down}$ 为居民能源使用量，μ 为居民生活能源保障率，$MINYE_{urban}$、$MINYE_{rural}$ 分别为城市和农村人均最低能源使用量，POP_{urban}、POP_{rural} 分别为城市（urban）和农村（rural）人口。

（3）关键企业能源使用的最低保障约束

$$\sum_i TE_{critical} \geqslant \sum_i \xi_i \times MINQ_i \times QE_i$$

其中，$TE_{critical}$ 为关键企业能源实际使用量，ξ_i 为关键企业能源保证率，根据不同关键企业的状况确定，$MINQ_i$ 是关键企业必须提供产品或服务的最低量，QE_i 是单位产品或者服务使用的能源量。

（4）生态环境平衡约束

生态环境平衡约束包括能源资源开发以及能源使用排放的污染物，必须低于维持生态环境平衡要求的最低排放量。

$$\sum_{i=1}^{m} K_i \leqslant MINEC$$

其中，K_i（$i=1, 2, \cdots, n$）是能源资源开发以及能源利用过程中排放的第 i 种污染物的当量值；$MINEC$ 是指维持生态环境平衡要求的最低排放量。

使用统计精算方法可以得到上述约束条件的相关值，在上述"硬约束条件"前提下，能源阶梯定价能够相当程度地逼近理想的能源优化配置制度。

2. 能源阶梯定价中产业能源需求配额的确定方法

确定能源配额的主要途径有：①根据不同企业能源使用趋势，建立能源预测模型，确定能源配额；②调查分析现有企业能源使用状况，制定能源定额，根据年度能源总量控制目标以及企业能源实际使用状况做适当调整；③参照其他发达国家能源定额标准，结合我国企业发展状况，由业内能源专家讨论确定能源配额。

实际可采用①、②两种方法，综合确定企业能源配额。根据统计调查资料进行定量分析，采用多元统计回归方法建立能源定额与驱动因素的关系，根据企业发展状况适当调整。

建立 GDP 能源定额与驱动因素关系后，采用定额法对能源配额进行预测：

$$EW_g^t = SeV^t \times EQ^t$$

其中，SeV^t 为第 t 年企业 GDP，EW_g^t 为第 t 年分配给企业的能源配额，EQ^t 为第 t 年能源定额。

企业能源定额通常采用主成分分析法来确定，主成分分析法是用几个综合指标替代原来多个变量的统计分析方法，假定样本数为 n_0，用 p 个变量描述样本，构成 $n \times p$ 阶的数据矩阵：

$$X = \begin{pmatrix} x_{11}, & x_{12}, & \cdots, & x_{1p} \\ x_{21}, & x_{22}, & \cdots, & x_{2p} \\ & & \vdots & \\ x_{n1}, & x_{n2}, & \cdots, & x_{np} \end{pmatrix}$$

如果原来的变量指标为 x_1, x_2, $\cdots$, x_p, 综合指标为 z_1, z_2, $\cdots$, z_m, 则:

$$\begin{cases} z_1 = l_{11}x_1 + l_{12}x_2 + \cdots + l_{1p}x_p \\ z_2 = l_{21}x_1 + l_{22}x_2 + \cdots + l_{2p}x_p \\ \vdots \\ z_m = l_{m1}x_1 + l_{m2}x_2 + \cdots + l_{mp}x_p \end{cases}$$

在上式中,系数 l_{ij} 由下列原则决定:

z_i 与 z_j ($i \neq j$, i, $j = 1$, 2, $\cdots$, m) 不相关;

z_1 是 x_1, x_2, $\cdots$, x_p 的线性组合中方差最大者; z_2 是与 z_1 不相关的 x_1, x_2, $\cdots$, x_p 的所有线性组合中方差最大者; z_m 是与 z_1, z_2, $\cdots$, z_{m-1} 都不相关的 x_1, x_2, $\cdots$, x_p 的所有线性组合中方差最大者。新变量指标 z_1, z_2, $\cdots$, z_m 分别为原变量指标 x_1, x_2, $\cdots$, x_p 的第一,第二,$\cdots$,第 m 个主成分。其中,z_1 在总方差中占比最大,z_2, $\cdots$, z_m 依次递减。目前学界通常选择前几个主成分,既简化变量间的关系,抓住主要因素,又减少变量的数目。

从以上分析可以看出,主成分就是确定原变量 x_j ($j = 1$, 2, $\cdots$, p) 在主成分 z_i ($i = 1$, 2, $\cdots$, m) 上的载荷 l_{ij} ($i = 1$, 2, $\cdots$, m; $j = 1$, 2, $\cdots$, p),容易推导出,其分别是 x_1, x_2, $\cdots$, x_p 矩阵 m 较大特征值对应的特征向量。

主成分分析计算步骤如下:

(1) 相关系数矩阵

$$R = \begin{pmatrix} r_{11}, & r_{12}, & \cdots, & r_{1p} \\ r_{21}, & r_{22}, & \cdots, & r_{2p} \\ & & \vdots & \\ r_{p1}, & r_{p2}, & \cdots, & r_{pp} \end{pmatrix}$$

r_{ij} $(i, j=1, 2, \cdots, p)$ 为变量 x_i 与 x_j 的相关系数,其计算公式为

$$r_{ij} = \frac{\sum_{k=1}^{n}(x_{ki}-\bar{x_i})(x_{kj}-\bar{x_j})}{\sqrt{\sum_{k=1}^{n}(x_{ki}-\bar{x_i})^2(x_{kj}-\bar{x_j})^2}}$$

因为 R 是实对称矩阵(即 $r_{ij}=r_{ji}$),只需计算其上三角元素或下三角元素即可。

(2) 特征值与特征向量

首先根据特征方程 $|\lambda I-R|=0$ 求出特征值 λ_i $(i=1, 2, \cdots, p)$,并使其按大小顺序排列,即 $\lambda_1 \geq \lambda_2 \geq \cdots \geq \lambda_p \geq 0$;然后分别求出对应于特征值 λ_i 的特征向量 e_i $(i=1, 2, \cdots, p)$。

(3) 主成分贡献率及累计贡献率

主成分 z_i 贡献率为 $r_i / \sum_{k=1}^{p} \gamma_k (i = 1, 2, \cdots, p)$,累计贡献率为 $\sum_{i=1}^{n} r_i / \sum_{k=1}^{p} \gamma_k$。

一般累计贡献率达 85%~95% 的特征值 $\lambda_1, \lambda_2, \cdots, \lambda_p$ 所对应的是第一,第二,…,第 m $(m \leq p)$ 个主成分。

(4) 主成分载荷

$$p(z_k, x_i) = \sqrt{\gamma_k} e_{ki} \ (i, k=1, 2, \cdots, p)$$

进一步计算主成分得分:$z = \begin{pmatrix} z_{11}, & z_{12}, & \cdots, & z_{1m} \\ z_{21}, & z_{22}, & \cdots, & z_{2m} \\ & & \vdots & \\ z_{n1}, & z_{n2}, & \cdots, & z_{nm} \end{pmatrix}$

可根据变量间偏相关关系、相关变量间是否相互独立确定能源定额,进而计算企业能源配额。

3. 居民用电阶梯定价的实施

在生态环境压力不断凸显的趋势下,节约能源的重要性不言而喻。由于电力具有准公共物品的特点,可对居民用电使用阶梯定价的方法实现节约能源的目的。实施居民用电阶梯定价的目的在于:

一是引导居民尤其是用电大户减少用电行为,发挥阶梯电价的杠杆作用,实现节能减排。

二是建立公平合理的负担机制,既可以让用电多的居民负担更多的电费,又保证多数居民用电价格的基本稳定。

三是改善我国电价结构。由于我国居民生活用电价格较低,其他行业用电调整频率和幅度高于居民用电,造成用电量越多的用户,享受的补贴越多。国家发改委已公布了《关于居民生活用电实行阶梯电价的指导意见(征求意见稿)》,改变以往富人因为用电较多而更多享受电价补贴的状况,通过实施阶梯电价推动社会公平的实现,在不提高总电费及平均电价水平的情况下,将多用电者所缴纳的电费补贴给少用电者。

阶梯电价至少分为三档,分别为基本用电需求、正常用电需求和较高质量生活用电需求,电价分档累进递增。

为节约用电、提高用电效率,推广阶梯电价势在必行。考虑到需求调节以及资源配置中的价格、市场等因素,实行阶梯电价能够避免电力资源的浪费,并增强企业和居民的节约意识。

第五章

能源定额管理机制

第七章

俄国之教會政制

在上一章，我们引用了能源定额作为能源阶梯价格测算的依据，并提出了能源定额的有关方法与建议。能源定额是一种行政性的能源配置手段，其具体操作和运用不仅限于能源阶梯价格，本章对能源定额的使用和管理展开论述。

第一节 能源定额及其适用性分析

一、能源定额的概念

能源定额是指在特定的生产组织和技术条件下所规定的生产定量产品或完成定量工作的能源使用量。本章所讨论的能源定额主要针对重点产业的能源使用。能源定额管理是对生产过程中能源使用量的管理，能够实现节能降耗，使能源使用的收益最大化。能源定额管理是加强能源管理的重要措施。

二、能源定额的分类

能源定额管理很早就应用于欧洲、美国、日本等国家或地区，被认为是节约能源、实现能源管理现代化的必然要求。自20世纪90年代以来，随着我国经济的快速增长，能源消耗量增长迅速，我国政府对能源短缺问题高度重视，开始积极寻找解决能源危机的途径。

按照不同的标准，能源定额有以下几种分类。

按照能源种类划分，能源定额主要有煤炭使用定额、焦炭使用定额、汽车使用定额、设备润滑油使用定额、电力使用定额、蒸汽使用定额等，这些都被称为能源使用定额。

按照能源使用阶段的不同划分，主要有产品定额、工艺定额、工序定额。

消耗两种能源以上的产品定额又可分为单项使用定额与综合使用定额。

产品定额指标由工业管理行政机构审定批准下达，耗能高的产品定额由省级主管部门审定后批准发布，而产品能源定额的考核评定主要由工业管理行政机构负责。美、日等国的政府部门对部分能耗指标直接进行干预。从世界发展趋势来看，各国对能源的管理均在不断加强。

三、能源定额实施的必要性

尽管市场机制在能源配置中发挥基础性作用，但单纯使用价格手段有一定的局限性。能源具有"准公共物品"特性，因此能源配置不能完全依靠价格手段，尤其是生活生产的能源需求，必须优先得到满足，而单一的能源定价无法满足不同的能源需求，所以要根据能源用途进行能源的差别定价和阶梯定价，在能源基本需求量基础上确定阶梯层次。此外，针对细分行业、耗能企业、耗能项目分别制定不同价格，无论在管理上还是在操作上都存在困难。相较而言，能源定额更容易实施且针对性更强，可以作为价格手段的重要补充。

对于对经济增长贡献不大的高耗能行业,可通过能源定额,对其能源使用形成约束,减少能源浪费,间接提高高耗能行业的生产成本,迫使其改进生产工艺、加大节能改造力度、提高能源管理水平。

四、能源定额的制定原则和方法

1. 制定原则

应遵循因地制宜、逐步完善的可行性原则,详细制定出不同企业从工序到产品的能源定额,满足科学性、先进性、法规性、可操作性的要求,并且在充分考虑地区能源使用的现状水平、能源供给、能源资源承载能力的基础上制定能源定额,对能源使用许可权进行监督管理,从而达到节约能源的目的。

2. 制定方法

参照重点耗能企业能源定额编制方法,可以采用统计分析法、类比法、技术测定法、理论计算法和经验法等方法确定能源定额。在实际应用中,根据能源使用情况、相关资料的完整程度及统计序列的长短,结合其他方法进行合理性分析。

(1) 统计分析法

根据企业能源使用情况进行统计,通过计算均值、概率分布等确定能源定额的方法。

(2) 类比法

以能源使用条件相同或相似的产品定额为基准,分析类比关系,从而得出相应能源定额的方法。

(3) 技术测定法

以能源供求平衡测试为依据,通过实测分析确定能源定额的方法。

(4) 理论计算法

根据企业能源使用技术要求，用理论公式计算能源使用量，从而确定能源定额的方法。

(5) 经验法（直观判断法）

利用专家（资深业务人员和专业技术人员的统称）的经验及判断力，结合相关信息、资料和数据，定量估算能源定额的方法。

五、国内能源定额操作实践

国内很多企业及地区进行了能源定额的相关实践，我们以襄阳市的能源定额管理为例，对如何由浅入深地开展能源定额管理进行分析讨论。

(1) 企业车间实行能源定额奖惩、风险抵押等措施，逐步划小核算单位。

(2) 制定能源定额。企业定期进行考核分析，制定产品能耗定额，不断扩大产品范围，并坚持逐级把关、及时调度，按月考核、按季分析。具体考核办法如下：一是按季度和隶属关系，全面考核襄阳市所属企业的能源定额执行情况；二是考核重点能耗企业，以年耗5000吨以上标准煤为标准，将超过该标准的企业列入考核范围；三是加强重点能耗产品的考核，对30项重点能耗产品按月考核上报。

(3) 采取综合措施，确保降低单耗指标。为完成各项能耗指标，开展持久节能工作，调动各方面的积极因素，随时掌握基层能耗变化，对能源使用量进行统计分析，以便于考核和监督，具体措施包括以下三个方面：

一是征收节能基金。鼓励先进企业，惩罚后进企业。为贯彻《节约能源管理暂行条例》相关精神，襄阳市结合当地实际情况，制定了《襄阳市征收节能基金实施办法》。

二是建立节能奖励制度。根据相关规定，对能源单耗低于上年同期或能源定额的企业，允许其按节能费用提取相应比例的奖金，奖励在节能工作中贡献突出的个人和单位，争创国家和省级节能先进企业，对先进企业在贷款、供能等方面提供优惠。

三是对重点耗能企业实行承包奖惩。能源定额和能耗量指标作为重要考核指标，是企业评比先进单位的主要考核依据和内容。针对重点耗能企业开展节能先进评比表彰，年底兑现奖惩。

从整体上讲，襄阳市制定的能源定额门类齐全、分类合理，填补了湖北省乃至全国能源定额管理工作的空白，可以作为推荐性标准发布实施。

第二节　能源定额管理机制的建立

一、能源定额管理的概念

能源定额管理是以定额编制为核心，以能源统计管理、节能管理、能源使用计划管理为主要内容的能源综合管理机制。

一般来说，能源定额管理包括3个基本要素：定额指标体系、能源定额量化指标以及能源定额规模的界定。能源定额管理的核心是根据能源定额及使用规模核算能源配额。能源定额结合了宏观尺度的区域能源分配与微观尺度的用户能源使用量。

宏观尺度上，由国家能源主管部门制定中长期能源供求规划和年度能源使用量分配方案，在能源总量约束下，省级能源管理部门通过宏观能源定额核定下级各区域的年度能源使用量，并层层下达，从而实现对能源使用的总体控制。

微观尺度上，分析重点企业的能源使用，完善细化能源定额体系，以能源计划使用量、行业能源定额和企业能源定额为主体指标，建立能源定额管理考核评价体系。根据重点企业的能源使用量和能源定额，编制年度能源使用计划；审查、下达重点企业的能源使用计划，对重点企业的能源供应和能源使用情况进行分析，对执行情况进行监控，及时掌握企业用能、节能情况。

重点用能企业每年向节能管理部门报送上年度的能源利用状况报告，具体包括能源使用量、能源利用率、节能目标完成情况、节能效益分析、节能措施等。重点用能企业未按照规定报送能源利用状况报告或者报告内容不实的，由节能主管部门责令限期改正。节能管理部门应当对重点用能企业报送的能源利用状况报告进行审查，对节能管理制度不健全、节能措施未落实、能源利用效率低的重点用能单位，开展现场调查，组织实施用能设备能源效率检测，责令实施能源审计，并提出书面整改要求，限期整改。

二、能源总量控制与能源定额管理相结合的管理制度

能源总量控制与定额管理相结合的制度符合我国《节约能源法》的精神，是科学指导能源使用、优化配置能源的重要途径。总量控制实施对象是能源使用许可，定额管理的对象是单位产品或服务的能源使用量。总量控制制度负责能源使用许可证的颁发和执行，完成能源总量的合理分配，在宏观上实现地区发展与能源总量控制、环境承载力相互协调。能源定额规定单位产品或服务的能源使用量，以提高能源的利用效率和效益，实现能源优化配置目标。

区域总量控制相关内容包括：经上级能源主管部门批准或按照协议所确定的能源（主要指煤炭、石油和天然气等化石能源）使用总量；根据能源分配方案和能源开发情况制定的年度计划能源使用总量；按照能源定额

核定的耗能企业能源使用量；环境约束下的能源使用总量。在能源总量的宏观控制指标约束下，根据能源供需平衡测算量，制定各行业能源定额，并根据地区差异，结合能源总量控制目标，对能源定额进行审核、核算、编制和调整。

配额是定额管理的核心，有广义和狭义之分。广义的配额是指对有限资源的一种管理和分配，用于平衡供需双方的利益。例如，当某产品或服务供不应求时，可通过配额管理制度缓解供给压力，调节供需不平衡。狭义的配额是指某个国家为保护本国企业，避免其因进出口产品量过多而受到损害，主动采取的控制产品进出口量的措施。本书中的能源配额属于广义的范畴，指对有限能源进行管理和分配的一种手段，主要用于地区间或行业间能源的使用分配。

配额管理是能源总量控制和定额管理之间的重要环节，起着重要的承接和协调作用。总量控制与定额管理以配额分配为桥梁，在地区及行业间进行动态协调，根据能源开发的年度变化情况，对总量和定额进行灵活调整，做到总量控制、定额管理、配额分配的一致性，使总量管理以及定额管理、配额分配各环节相互衔接，从制度、技术、管理等各层面提供理论、技术等方面的支撑。

三、配额手段在能源配置中的运用

1. 国内外配额的操作例证

国外对能源综合管理的研究开展较早，为应对能源短缺危机，很多国家在能源配置中都应用了配额手段，并配套有完善的能源管理体制、成熟的能源交易市场以及先进的节能措施加以保证。

日本能源管理体制建立在能源国有的基础上，在能源管理中，实行能源许可证、配额制及鼓励节能的有偿分配制度。日本的《石油业法》规定，政府主管部门负责批准新建炼油厂，从事石油进口和销售业务要向政府主管部门申报，并且政府主管部门在特殊情况下有权决定石油销售配额。此外，日本自1986年开始实施的《特定石油产品进口限制法》规定，从事石油产品进口的公司必须具备生产能力、调整能力、储存能力及质量调节能力等资格条件。

我国在能源配额应用方面尚处于理论探索阶段，实践应用相对较少。2004年7月1日起实施的《煤炭出口配额管理办法》是针对我国煤炭出口配额管理出台的第一部法律文件，该文件以加强对煤炭资源的宏观管理为目标，根据能源资源优化配置，向各省市逐级分配能源量。在能源量可分配的范围内，各地区按照能源全成本价格购买使用能源。如果能源使用量超过分配量，则向其他地区购买。能源配额指标可以分配到市、区、县以及重点耗能企业，以统筹能源使用。能源配额在优化能源配置、加强能源管理、合理分配能源等方面有着较强的应用价值。

2. 配额管理的操作流程

配额管理分两个角度实施，一是供应角度，由各级能源主管部门对能源总量层层分解，这是实行能源总量控制的主要手段；二是需求角度，即建立能源许可制度。配额管理作为一种行政配置手段，主要由各级能源主管部门负责，实际操作中，应该从能源供应和需求两个角度制定能源配额。在明确能源定额的情况下，能源定额指标以及对应的核算规模是实行能源配额的基础，只需确定核算单元对应的规模即可计算能源配额水平，作为总量控制下达指标的依据。对于没有定额的单位，将根据历史能源使用量（一般是平均水平），结合上一级总量或配额的分配情况确定配额水平。

3. 配额优先级设置

按照先生活、后生产、兼顾效率与公平的配置原则实现能源配额的分配。能源的开发利用应当首先满足城乡居民生活用能，并兼顾农业、工业、航运能源使用，即在配额分配的优先级设置上，首先满足居民生活，其次考虑生产领域。生产领域能源分配应当遵循以下几个原则：

第一，保证基本生产用能。经济可持续发展的实现最终还是不能脱离经济增长，只是对经济增长的质量提出更高的要求，能源的分配应该在保证核心产业基本生产需要的基础上进行，而不是以企业停产经济效益受损为代价。通过核算能源定额，确定核算单元对应的规模，从而确定基本生产耗能量，以此作为生产能源配额分配的依据。

第二，实行动态配额分配。将能源配额优先分配到能源利用效率高、经济带动作用强以及符合产业规划的企业中去，以达到能源优化配置的目标。

第三，对于高能耗低产出的企业，除了运用行政和市场手段外，还要特别注重能源配额手段，压减该类企业能源使用量，迫使该类企业改造升级或者淘汰退出。对于产业优先级的确定，本书主要参照定量指标。根据该类产业的影响力系数和感应度系数，优先安排能源配额到经济拉动作用强、辐射力强的产业中。产业关联度是指产业与产业之间通过产品供需而形成的互为存在前提、互相关联的内在联系，主要体现在两个方面：一是在产品的供需方面，任何行业的产品，都为其他行业的生产提供投入要素（最终消费品除外），同时，也会以其他行业的产品作为投入要素；二是在技术供给方面，任何一个产业，都需要其他产业为其提供技术支撑，同时，也推动其他相关产业的技术进步。产业影响力系数是指某产业对其他产业的影响程度，反映出该产业的后向联系，产业影响力系数越高，对国民经济发展的推动力就越大，如果某个产业的影响力系数大于1，说明该产业的影响力较强，对其他产业的发展起较大推动作用。产业感应度系数反映了产业的前向联系程度及其他产业的生产对该产业的影响程度。在经济快速增长时，感应度系数较高的产业发展速度一般都比较快，如果某产业的感应度系数大于1，说明该产业受各产业部门影响的程度较大。

利用投入产出表数据，计算产业影响力系数和产业感应度系数，原则上应将能源配额优先用于产业影响力系数和感应度系数较大的产业。由于能源配额有很强的行政色彩，随着能源价格的市场化改革，能源配额也要融入更多的市场因素，能源配额的市场交易有利于促进能源优化配置制度的进一步完善。

四、国内能源定额的应用构想

由我国节能主管部门颁布的主要行业节能定额相关条例的具体内容如下：

（1）产品生产或服务的能源定额由有关行业主管部门组织制定，报节能管理部门和相关主管部门审核同意；无行业主管部门的行业能源定额，由节能管理部门和相关行政主管部门组织制定，由各级人民政府向社会公布。

（2）节能管理部门根据年度能源使用计划、行业能源定额以及重点耗能企业生产经营需要，核定企业的用能指标，并在每年12月31日前将下一年度的能源使用许可下达至相关企业，新建项目在投入使用前，应至节能主管部门申请核定能源使用许可。

（3）耗能企业应当按照节能主管部门下达的年度指标使用能源，超出的能源量，除据实缴纳费用外，由节能管理部门根据能源使用量，按照下列标准收取累进加价费用。超出规定数量30%（含本数）以下的部分，按照能源价格的1倍标准收取；超出规定数量30%至50%（含本数）的部分，按照能源价格的2倍标准收取；超出规定数量50%以上的部分，按照能源价格的3倍标准收取。

此外，相关条例还进一步明确了能源定额的执行范围：

全面推行能源定额管理，加强用能大户管理，与年用能5000吨标准煤的用能单位签订用能合同，追踪用能量100000吨标准煤以上大户，严格实施超定额累进加价管理。

加强特殊行业用能管理，严格钢铁、有色金属、化工、建材和机械等特殊工业领域能源使用管理。依据能源使用许可等制度对特殊行业用能实行总量控制，同时严格执行特殊行业能源使用的价格标准。

逐步完善六大重点行业能源定额标准，制定包括石油加工炼焦及核燃料加工业、化学原料及化学制品制造业、非金属矿物制品业、黑色金属冶炼及压延加工业、有色金属冶炼及压延加工业、电力热力生产和供应业等行业的能源定额标准，开展对重点产品能耗限额标准执行情况的监督检查。

综上，定额管理制度涉及了制度体系的建立、管理职能的明确、管理对象的综合性和全面性以及操作手段和操作办法等内容，但是在实际操作中，仍然面临着很多困难，致使定额管理制度在部分行业中，始终停留在试行的阶段，而未能得到全面推广。本书认为推行能源定额，应注重以下三个原则：

第一，发挥能源定额在总量控制中的作用。

能源定额与能源总量控制密切相关，能源总量等于能源定额与其使用规模的乘积，能源总量控制目标要细分到各地区、主要高能耗企业，能源定额是加强能源管理的重要约束性指标。

第二，尽早建立能源阶梯定价制度。

定额管理的效果实现离不开能源价格手段的配套实施，否则就会缺少规范性的制约措施；只有建立能源阶梯定价制度，能源定额才能真正得到落实。

第三，能源定额的延伸。

对于超过定额的能源使用，除了能源阶梯定价外，还可通过收取高价的办法控制能源需求。对于居民生活用能，阶梯定价法更为简单实用，而对于重点耗能企业，则可采取收取高价的办法增强企业的节能意识。

第三节 跨行业能源使用许可交易

能源定额作为单位用能指标不能直接用于市场交易，两者间的关联应从能源配额上实现，而能源使用许可可作为市场交易的具体标的。进行能源使用许可交易的主要思想是建立合法的使用能源的权利，允许其像商品那样买入和卖出，以此进行能源消费的总量控制。能源使用许可交易首先由节能主管部门确定特定区域（通常是能源消耗量大的地区）内重点企业的耗能量，并以此估算该区域的能源使用总量，之后再将其分割成若干能源使用许可，由能源主管部门采取公开竞价拍卖、定价出售或无偿分配等方式分配能源使用许可，建立能源使用许可市场，企业根据采取节能措施的程度，买入或卖出能源使用许可。

促成能源使用许可交易的关键是降低交易成本，真正实现能源使用许可的市场化流通，能源使用许可与能源超额加价都是基于市场机制的能源管理手段，但两者区别较大，超额加价收费制度首先确定价格，让市场确定能源使用量，而能源使用许可交易首先确定能源的消费总量，再让市场确定价格。国内鲜有地区间或者行业间的能源交易，本书仅就此做理论上的初步探讨。

能源使用许可市场交易中，能源使用许可的基本流向是从使用效益低的企业流向使用效益高的企业，这符合能源优化配置的原则。

从能源优化配置的角度讲，能源使用许可市场交易为提高能源配置效率提供了一条很好的途径，有效地弥补了价格手段的不足。单纯通过价格手段来配置能源实施难度较大,能源使用许可市场交易能够避免能源的浪费,实现能源在行业间的转移。与能源价格、总量控制、定额等能源使用主体只能被动接受的措施相比,能源使用许可的市场交易更多地体现了交易主体的自主行为。

有效实施能源使用许可的市场交易,必须具备以下几个条件:

第一,清晰界定并由法律保障初始能源使用许可,这是能源使用许可市场交易的前提条件。

初始能源使用许可的界定方式,关系到能源使用许可市场交易能否得到普遍接受,以及能源使用许可的市场交易制度能否顺利运转。我国能源法明确规定了能源资源的国家所有权,对能源的经营、使用、收益等权利有明确的法律规定。以能源使用许可制度为中心,进一步完善我国的初始能源资源的界定和保护,是建立可转让能源使用许可制度的关键环节。初始能源使用许可分配涉及众多利益相关方和复杂的问题,本书对此不再详细展开论述。

第二,建立能源使用许可的交易制度和保障机制。

明晰初始能源使用许可,能源使用许可交易就具备了操作的基本条件。应建立明确的交易规则和交易程序,通过制定规则,为买卖双方进行交易提供行为准则,建立能源使用许可的交易监管机制。此外,政策法律也是保障能源使用许可交易顺利进行的必要条件,同时,还需要建立政府监管与市场调节相结合的保障机制。

第三,能源使用许可交易市场的建立。

由于能源具有"准公共物品"的特殊性质,需采取政府监管与市场调节相结合的机制。能源使用许可交易市场就是通过出售能源许可、买卖能源许可、用经济杠杆推动和促进能源优化配置的交易场所,能源使用许可的转让促使能源从低效益企业流向高效益企业,提高了能源的利用效率。

通过构建高能耗企业 A（买方）与低能耗企业 B（卖方）两方模型，分析能源使用量的市场交易。为分析方便，特作以下假设：

（1）低耗能企业 B 拥有初始能源使用许可 E_B，高能耗企业 A 拥有初始能源使用许可 E_A。

（2）高耗能企业、低耗能企业能源使用效益差异与能源使用交易市场为企业 B 提供了节能激励。假设企业 B 节能的成本函数 $C=C(Q)$ 是节能量 Q 的单调递增函数，即 $C'(Q) >0$。

（3）企业 B 采取节能措施，不影响企业的产出量，假定其他投入要素和产出品价格不变，则能源使用量的减少没有导致企业 B 的净收益 M_B 发生改变。

（4）企业 A 的其他投入保持不变，生产的净收益 M_A 随能源使用量的增大而增加。

（5）通过能源市场交易，企业 A 可以从企业 B 以价格 P 购买 Q 单位的能源数量，此时交易成本：$TRC = TRC_A + TRC_B$，其中，TRC_A，TRC_B 分别为 A、B 承担的交易成本。

（6）政府会预留一定数量的能源，企业 A 可以向政府申请的能源数量为 Q，假定能源的获取价格为 P_0，此外还包括其他成本 C_A。如果政府严格限制能源的使用，则设定能源使用许可的价格和成本为无穷大。

在上述假定下，高能耗企业 A 和低能耗企业 B 的成本函数、收益函数如下：

低耗能企业 B 出售能源使用许可的收益：

$$I_B = P \times Q \tag{a}$$

低耗能企业 B 出售能源使用许可的成本：

$$TC_B = C(Q) + TRC_B \tag{b}$$

高耗能企业 A 增加能源使用，所获取的收益：

$$I_A = \Delta M_A = M_A(E_A+Q) - M_A(E_A) \qquad (c)$$

高耗能企业 A 增加能源使用需支付的成本：

$$TC1_A = P \times Q + TRC_A \qquad (d)$$

$$TC2_A = P_0 \times Q + CA \qquad (e)$$

公式（d）是企业 A 从能源使用许可交易市场上购买能源使用许可需要支付的成本，公式（e）是企业 A 向政府支付的能源使用成本。

能源使用许可能否进行交易，取决于企业 A 与企业 B 的成本、收益比较，以及能源许可交易价格与新申请能源成本的比较，分四种情况进行讨论：

第一种情况：$I_B - TC_B = PQ - C(Q) - TRC_B < 0$。

当企业 B 出售能源收益不足以弥补其节能成本和交易成本时，则没有供给能源的激励，能源转让不能发生。此时，企业 A 是否申请能源取决于能源使用的边际收益与能源使用的成本比较。

第二种情况：$I_A - TC1_A = \Delta M_A - PQ - TRC_A < 0$。

当企业 A 能源使用的边际收益不足以弥补能源使用成本时，就没有购买能源的激励，能源使用许可的转让就不能发生。

第三种情况：$I_A - TC1_A = \Delta M_A - PQ - TRC_A > 0$ 且 $TC1_A > TC2_A$。

若企业 A 通过购买能源使用许可或者通过新申请能源使用许可的方式增加能源使用都能增加收益，但新申请能源使用许可的成本低于购买能源使用许可，则企业 A 会倾向于新申请能源使用许可，能源使用许可交易市场缺乏需求，能源使用许可转让不能发生。

第四种情况：$I_B - TC_B = PQ - C(Q) - TRC_B > 0$ 且 $I_A - TC1_A > I_A - TC2_A > 0$。

企业 B 出售能源可以获利，企业 A 购买能源也能获利，并且其成本低于新申请能源的成本，此时，企业 B 有供给能源的动力，企业 A 有购买能源的需求，能源市场交易能够进行。

在满足能源使用许可转让的基本条件下,能源使用许可转让交易主要解决的是交易办法和交易价格的问题。企业间的能源使用许可转让要符合能源优化配置的效率原则,定价的基本原则是出售能源使用许可的企业所获利润必须大于获取该能源的成本(包括能源全成本、利润和税金及其他相关费用),具体可以通过协议定价、拍卖等多种方式来实现。

第六章

结论与建议

第六章
结论与建议

第一节　主要结论

中国是世界少数几个以煤炭为主体的能源生产国和消费国之一，煤炭消费量占能源消费总量的比重维持在60%以上的高位。煤炭的大量生产及使用引起大气中二氧化碳含量的增加。根据中国科学院预测科学研究中心测算，2011年，我国煤炭消费所排放的二氧化碳占全球二氧化碳排放总量的75%以上；此外，煤炭消费也产生了雾霾、酸雨等严重环境问题。近年来，我国政府出台了《大气污染防治行动计划》《能源发展战略行动计划（2014—2020年）》等一系列政策文件。按照能源发展"十三五"规划，截至2020年，我国一次能源消费总量要控制在50亿吨标准煤以内，而煤炭消费总量要控制在41亿吨标准煤以内。要根据各地社会经济发展水平、能源消费特征、大气污染现状等因素将总量控制目标分解落实到各地方政府。化石能源消费总量控制已经成为节能减排、建设美丽中国的重要政策手段之一。

2020年9月，在第75届联合国大会上，习近平总书记承诺"中国将采取更为有力的政策措施，提高国家自主贡献力度，争取2030年碳排放达峰，2060年前实现碳中和"。为应对全球气候变化，必须控制化石能源需求总量，除应用最新技术开发和利用新能源外，还可以通过市场经济手段，充分发挥市场机制和行政管理的作用，特别是使用能源全成本价格、阶梯价格、定额配额、能源使用的许可交易等手段合理配置化石能源，实现化石能源消费总量控制，促进经济可持续发展。我国能源消费高度集中在高耗能行业，但高耗能行业所创造的经济价值相对较低，能源的经济价值未能得到合理体现。由于现有能源管理体制存在缺陷，市场机制未完全发挥作用，所以我国必须重新构建能源优化配置制度，通过有效的能源管理制度，综合运用市场和行政两种手段，以价格杠杆为先导、定额和配额等调控手段为辅助，实现化石能源在行业间的重新配置，以期达到对化石能源的最优配置，实现能源利用效益的最大化。

第二节 政策建议

能源总量管理的重点必须由能源供给管理转向能源需求总量控制，综合运用法律、行政和经济手段规范能源资源开发，将能源作为一种稀缺的经济资源，着眼于既定的能源供给，实现能源优化配置。

一、理顺政府职能，完善能源管理体制

经济手段、行政手段、科技手段及法律手段在能源需求管理中须发挥重要作用，加快推进能源市场化进程，逐步建立体现能源稀缺程度的能源价格形成机制，充分发挥宏观管理下的市场机制在能源优化配置中的基础作用，促进能源合理配置。此外，还应该鼓励制度创新和方法创新，建议试行如下制度：

（1）面向社会公开征集节能办法，对于切实可行的节能办法，按照实际节能效果，提供经济奖励。

（2）鼓励企业节能，建议给予企业与节能额度相匹配的资金奖励。

（3）将耗能企业的能源使用量与企业绿卡挂钩，企业利税与耗能量之比低于同行业标准的不予办理绿卡，限制企业能源使用。

（4）对耗能量大的企业的新增产能，实行能源使用量的阶梯定价，提高能源使用费用，逐步引导化工、冶金、建材等高耗能企业提质增效，实现高质量发展。

二、优化产业结构，淘汰落后的高耗能产业

1. 调整工业结构

控制耗能量大的钢铁、有色、建材、化工等行业发展规模。修订、完善工业行业能源使用标准，限制能源使用效益低的工业企业发展，优先发展科技含量高、成长性好、污染程度低及经济增长带动作用大的环境友好型制造业。淘汰一批能源利用效率低、经济效益差的工业企业。发展知识经济，大力推动高技术等低能耗产业，实现循环经济，调整产业结构，实行能源定额，进一步降低工业产品单位能耗。结合新城建设和工业园区产业结构提升，将现有工业资源整合进工业园区，归并郊区零星工业企业。加快新型工业化的步伐，规定新建企业必须进工业园区，促使有效益且符合环境标准等条件的企业逐步入区，淘汰劣势企业。鼓励效益好的企业实行园区归并，实行产业"平移"，提高能源和土地资源的使用效率。

2. 大力发展新型服务业

调整产业结构，在能源承载能力范围内发展第三产业，应遵循以下原则：

（1）根据第三产业类型，实施差别化的能源政策，加快发展能源效率高的产业，限制发展能源效率低的产业。使用能源价格杠杆限制高耗能第三产业发展，区分限制发展和鼓励发展的第三产业，发展金融等服务产业，在增加经济总量的同时减少能源使用量。

(2) 充分发挥中心城市的优势,重点发展产业集群、产业链,发挥其核心带动作用,以科学研究、金融保险等为核心,加快产业结构调整,形成高智力成本、低自然资源成本的经济发展模式。

(3) 基于地区优势和单位能耗等因素,除金融保险业外,中心城市应发展适应其特点的生物科技、计算机软件等科技产业,并发展艺术、出版、影视、教育、体育等重点文化产业以及现代服务业。

三、加强行业节能管理

为加强行业节能管理,需要从制度建设、节能设施建设以及加大节能宣传力度等方面入手。

1. 制度建设

(1) 全面推行能源定额、配额管理制度。实行计划供能、能源总量控制、定额管理以及能源使用计量等措施。加强重点耗能企业管理,与年用能 5000 吨标准煤以上的用能企业签订用能合同,严格实施超额用能阶梯定价管理。

(2) 遵守能源使用许可等制度,加强钢铁、有色、建材、化工等特殊行业的用能管理,施行能源消费总量控制制度,以及超额用能的阶梯定价管理。

(3) 贯彻落实《中华人民共和国节约能源法》,建立社会节能监督网络,实施节能奖罚制度。加大节能的执法检查力度,落实新建、改建、扩建项目节能设施及主体工程设计、施工与投入使用的管理制度。

2. 节能设施建设

(1) 生活节能

全面使用符合节能标准的生活器具。

（2）工业节能

建立示范性节能工业园区，将工业耗能大户纳入计划管理，严格计量；调整工业行业结构，探索建立以能源为约束条件的产业进入、退出机制，鼓励发展低耗能、高附加值的低碳产业，加速淘汰高耗能、高污染产业，形成节能型产业体系。

（3）农业节能

调整农业种植结构，限制种植高耗能、低效益的农作物品种，引导发展节能、高效的农业生产项目。

3. 加大节能宣传力度

运用激励政策，探索并建立能源定额管理机制，达到高效利用能源的目的；增强全民节能意识，利用网络媒体宣传、发放节能教材、表彰先进等多种手段，加大节能宣传力度。

四、发挥市场机制作用，建立合理的价格形成机制

能源是基础性的生活资料和生产资料，能源市场是"准公共物品"市场，要在政策引导、公众参与条件下建立合理的能源价格体系。政府要建立并完善配置能源的市场机制，制定能源政策要符合以下原则：

第一，准确核定能源资源成本、工程成本和生态环境成本。

能源资源成本是能源价格的重要组成部分，能源价格主要有两个作用：一是通过经济杠杆抑制过度的能源需求；二是为能源基础设施建设开辟新的资金渠道。能源阶梯定价是控制能源需求的重要手段，实施能源阶梯定价能够体现能源使用公平的社会属性及注重效率的能源商品属性，其本质是政府控制下的特殊能源使用许可交易。

第二，兼顾能源使用的公平和效率，合理确定农业、工业、生活以及特殊行业能源价格的比例关系。

第三，确定能源阶梯价格和合理的能源梯次，鼓励节约能源，限制高耗能产业发展，鼓励使用新能源。

五、实施规范的能源定额管理，探索建立能源使用许可有偿转让制度

总结部分行业试行能源定额管理经验，以企业节能评估报告为基础，以能源消费总量控制为原则，建立科学合理的能源定额管理制度；加强机关、院校、部队等公共设施的能源定额管理，分类制定科学合理的能源定额制度；全面强化落实重点耗能工业企业的节能评估工作，分析其能源使用的合理性，挖掘其节能潜力，核算其用能指标。建议以一线城市为试点，试行能源定额、配额的能源优化配置制度，在此基础上进行规范的能源定额管理。研究初始能源使用许可权的确立，逐步探索建立能源使用许可交易市场，试行能源使用许可有偿转让制度。

第七章

山东省煤炭消费总量控制战略

第七章 山东省煤炭消费总量控制战略

第一节 煤炭消费总量控制的背景与现状

一、山东省煤控规划总体要求和指导思想

长期以来，山东省能源消费以煤炭为主，煤炭消费比重达 80% 以上。2020 年，山东省规模以上工业煤炭消费量达 37061.9 万吨，比 2019 年下降 10.4%，压减煤炭消费 4312.7 万吨。

山东省火电、钢铁、有色、建材、化工、造纸等行业耗煤量约占该省煤炭消费总量的 75%。其中，有色金属行业的快速发展造成自备电厂的井喷式增长，有色金属行业煤炭消费量快速增长是山东省煤炭消费居高不下的主要原因。

山东省作为能源大省，理应尽力完成国家下达的政府履行职责约束性任务目标，转变能源开发利用方式，提高能源利用效率，努力发展高科技含量、低资源消耗、环境友好型产业。加快能源技术创新，建设清洁低碳、安全高效的现代能源体系。山东省煤炭消费总量控制要以党的十八大精神和科学发展观为指导，抓住重要战略机遇期，适应新形势新变化，以高效低碳、安全清洁发展作为煤控战略的基石，把资源节约放在首位，实施煤炭减量化、替代化；以公众健康为出发点，保证煤炭生产利用清洁化；倡导绿色生活理念，通过采购、交通、建筑绿色化，形成节约低碳的

生活方式和绿色文明的消费模式；通过实施煤炭消费总量控制，转变能源消费方式，实现能源体制机制创新，提升能源利用效率，增加清洁能源投入，降低能源消费污染，显著改善空气质量，为"展现生态山东"新形象提供清洁、高效、安全、可持续的能源保障。

二、山东省能源生产和消费情况

1. 能源生产情况

2020年，山东省一次能源生产量为1.27亿吨标准煤，比2019年下降6.0%。其中，原煤产量下降8.6%；石油产量下降0.3%，与上年基本持平；天然气增长15.9%，与2019年相比，增速回落14.5个百分点。详见表7-1-1。

表 7-1-1　2016—2020 年山东省一次能源生产情况

		2016年	2017年	2018年	2019年	2020年
煤炭	产量（万吨标准煤）	9404.96	9623.27	8827.54	7820.68	7148.1
	比重（%）	69.07	70.19	67.38	62.37	56.28
石油	产量（万吨标准煤）	3301.96	3192.79	3203.20	3177.70	3168.17
	比重（%）	24.25	23.29	24.45	25.34	24.95
天然气	产量（万吨标准煤）	56.23	49.72	52.80	56.10	65.02
	比重（%）	0.41	0.36	0.40	0.45	0.51
水电、风电、光电	产量（万吨标准煤）	229.07	305.89	484.11	742.71	1247.14
	比重（%）	1.68	2.23	3.69	5.92	9.82

2. 能源消费情况

与全国能源消费构成相比，2019年，山东省煤炭消费占比约为67.28%，与全国煤炭消费占比57.70%相差近10个百分点；油品占比15.52%，与全国比例相差不大；天然气、一次电力（风电、水电及光电）的消费占比分别为5.01%、4.11%，都低于全国平均水平。详见表7-1-2。

由此可见,"十三五"期间,与全国能源消费结构相比,山东省能源消费结构在很大程度上得到了优化,但天然气、一次电力比重还需要进一步提升。

表7-1-2　2019年山东省和全国一次能源消费构成对比

	煤品	油品	天然气	一次电力
山东省	67.28%	15.52%	5.01%	4.11%
全国	57.70%	18.90%	8.10%	15.30%

资料来源:《山东统计年鉴2020》《中国统计年鉴2020》。

2019年,山东省一次能源生产量为13499.51万吨标准煤,消费量为41390万吨标准煤,能源自给率仅为32.62%,远低于全国81.69%的能源自给率。

第二节　山东省煤控目标设定的原则和方法

一、原则

我国面临资源、环境气候变化等方面的挑战,"十三五"规划提出大幅改善生态环境质量,总体上遏制生态环境持续恶化趋势。全国不同省(市、自治区)面临着不同的情况,在煤控目标的设定上存在空间维度上的差异,但总体在时间维度上都呈现趋紧、趋严的特点。山东省需根据本省实际情况,选取大气质量红线和水资源红线作为本省的生态红线,并进行重点分析,再取最强约束条件作为本省煤控目标制定的底线。

二、方法

山东省煤控目标的设计采用自上而下的宏观经济模型和特点鲜明的部门模型相结合的方式,两种模型经过多次调整,形成满足三种红线约束条件下的情景分析。如果只采用单模型的传统情景分析，则无法满足多重生态红线的约束要求和减少经济新常态的影响。耦合模型的具体结构如图7-2-1所示。

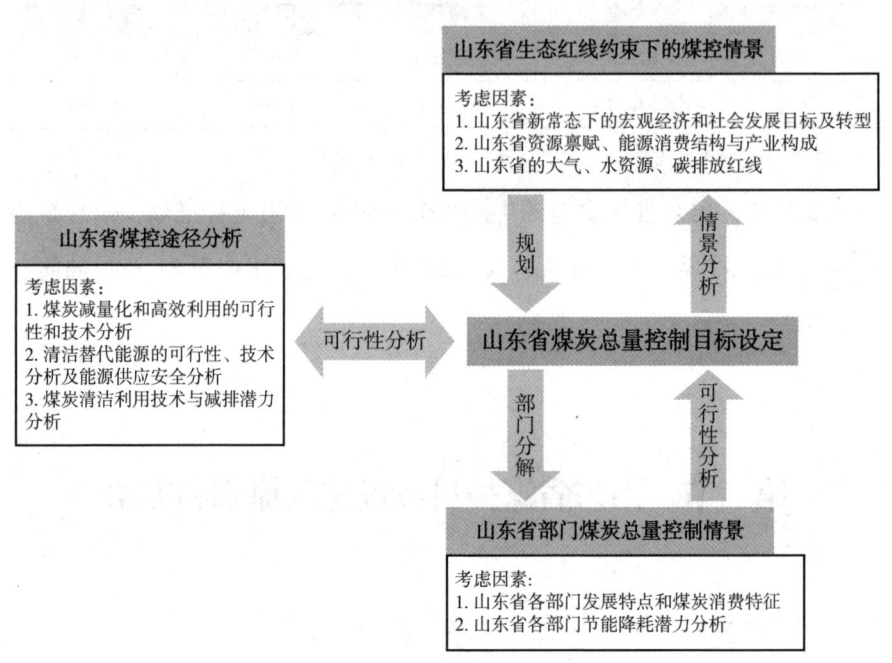

图7-2-1 山东省煤控目标分析的耦合模型

第三节 山东省煤炭消费量的特征分析

2011—2015年，山东省的煤炭消费量由36470.3万吨上升至40925.6万吨，涨幅高达12.21%。从趋势看，2011—2013年，山东省煤炭消费量的增长趋势相对平稳，由36470.3万吨上升至37683.4万吨，增长约3.32%；2013—2015年，由于工业煤炭消费量的快速增长，煤炭消费总量上升至40925.6万吨，增长约8.6%，涨幅较大。如图7-3-1所示，全国的煤炭消费量由2011年的38.9亿吨上升至2013年的峰值（42.4亿吨），而后下降至2015年的39.7亿吨。与之相对应的是，山东省的煤炭消费量未像全国那样达到峰值后下降，而是持续增长，其主要原因是部分占比较大的高耗煤行业增长速度远高于工业平均增长速度，也远高于煤耗强度下降速度。例如，2011—2015年，山东省工业增加值增长约45%，而工业煤耗强度仅下降约4%。2011—2013年，电力、热力生产和供应业的耗煤量增长约6%。2013—2015年，电力、热力生产和供应业的耗煤量增长近30%，占全省耗煤总量比重为45.7%。

2016—2019年，全国煤炭消费量的增长趋势相对平稳。山东省的煤炭消费量由42160.4万吨上升至43133.0万吨，年增幅约为0.58%。

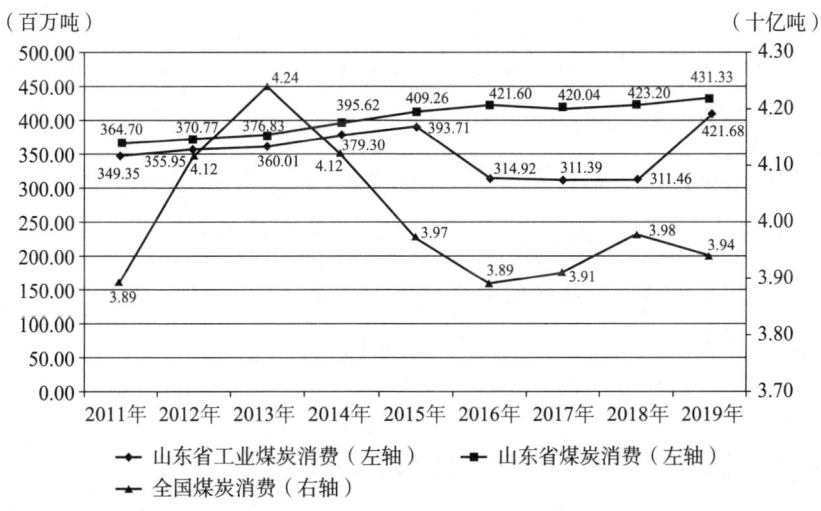

图7-3-1　2011—2019年山东省与全国煤炭消耗量

工业是煤炭消费的主体。2019年，山东省煤炭消费总量为43133万吨，其中工业耗煤约42168万吨。电力、热力生产和供应业等八个行业的煤耗占工业总煤耗的91%以上，控制高耗煤行业的煤炭消费量是降低总煤耗的重要手段。此外，从山东省主要行业终端用煤的煤炭消费结构来看，

2019年非工业领域用煤964.8万吨。非工业领域用煤以烟煤为主，而烟煤具有高硫、高挥发的特点，导致其在直接燃烧后造成严重的大气污染。

2019年，山东省火力发电、供热的煤炭消费量为28644.1万吨，约占工业煤炭消费总量的67.93%。山东省电力生产结构中，燃煤的火力发电量占比一直在90%以上，是主要的电力供应源。2020年，山东省总发电量为5513.7亿千瓦时，其中，火力发电量为5067.2亿千瓦时，占比高达91.9%。尽管火力发电占发电总量比重呈下降趋势，由98.63%降为91.9%，但降幅不大。

第四节　山东省煤炭消费总量控制目标的制定依据

煤炭开采及燃烧利用会造成严重的环境污染问题。我国二氧化碳排放总量中，煤炭消费贡献了约72%。同时，对煤炭的开发和利用进一步加剧了水资源短缺问题，尤其是在煤炭资源丰富地区，水资源供需矛盾十分突出。例如，我国晋陕蒙宁甘等西部地区的原煤产量超过全国总产量的60%，但其水资源占有量却仅为全国水资源总量的4.8%。2015年，宁东基地煤炭开发的用水总量已超过当年的红线指标。

根据中国煤炭消费总量控制方案与政策研究课题组的测算，仅考虑水资源制约的情况，截至2020年，我国的煤炭消费总量应控制在38亿吨以下；仅考虑气候变化红线约束条件，截至2020年，我国的煤炭消费量应控制在40亿吨以下，截至2030年，应控制在35亿吨以下。

一、大气质量约束

2015年，山东省二氧化硫和二氧化氮的排放量基本达到国家环境空气质量的二级标准。但是，PM2.5和PM10却大幅超过了国家二级标准。其中，PM2.5浓度超过国家二级标准的117%；PM10超过国家二级标准的87%。可见，降低PM2.5和PM10的浓度是改善山东省大气质量的关键。

按照《山东省2013—2020年大气污染防治规划》第三期目标，2017—2020年，山东省PM2.5浓度年均需下降8.5%，截至2020年，PM2.5浓度要达到国家二级标准（45μg/m³）。

尽管PM2.5浓度45μg/m³是全国2020年的平均水平，但考虑到2017—2020年山东省高耗煤行业实施较严格的节能措施存在困难，煤炭燃烧产生的PM2.5浓度下降难度较大。

山东省为实现PM2.5浓度下降的目标，一方面，需降低主要耗煤行业的消费总量，从而减少PM2.5的排放量；另一方面，要在主要耗煤行业采取强制性除硫、除硝、除尘措施，降低PM2.5排放量。

二、水资源约束

根据中国水科院对山东省用水控制目标的预测结果，2015年，山东省实际用水量为212.77亿立方米，远未达到用水控制目标约束红线。山东省近年来用水量呈下降趋势，用水空间相对宽松。虽然国家规定的用水控制目标为多年来的平均值，但在不遇极端气候的前提下，山东省用水量相对富余，超出红线约束的可能性较小，水资源未对山东工业用水形成较强约束。从地市用水情况来看，除滨州市实际用水略超出用水控制目标外，其余各地市均暂未超出用水控制目标。

三、节能减排约束

节能减排（降低单位GDP的能源消费量和二氧化碳排放量）已成为国家发展规划的重要约束性指标。"十二五"期间，国家给山东省下达的节能减排目标任务是万元GDP能耗下降17%，而实际上，山东省累计实现节能减排 19.8%，超额完成了国家的约束任务。山东省计划在 2020 年之前实现工业终端用煤的全覆盖。2016 年，山东省建成"工业绿动力"计划项目 2735 个，年节约标准煤 838 万吨，二氧化碳减排 2095 万吨；对 5500 万千瓦煤电机组实施了超低排放环保改造，完成了 3300 万千瓦煤电机组的综合性、系统性节能改造，供电煤耗达到同类型机组先进水平。"十三五"期间，国家下达给山东省的节能减排目标任务仍然是万元 GDP 能耗下降 17%，结合历史趋势及山东省目前的政策措施来看，山东省"十三五"期间的节能减排目标对煤炭消费总量控制目标的约束性并不强。

综上分析，山东省煤炭生产用水总量控制目标相对宽松，完成中央政府下达的能源消费强度和二氧化碳排放强度的下降目标任务压力相对较小，两者并未对煤炭消费总量形成强制约。但是，山东省煤炭消费量与 PM2.5 浓度密切相关，要将 PM2.5 浓度降低至 45 微克/立方米，需要严格控制煤炭消费总量。

第五节　山东省控煤总量及其实施路径

一、山东省 2020 年控煤目标的设定

为预测山东省煤炭需求量，设定冻结情景、趋势情景、规划情景进行分析。三种情景的具体设定如下：冻结情景是煤耗较大的情景，它假定产业结构不变，新投资很少，管理水平保持目前状态，且不考虑机器设备磨损等情况，按照 2015 年各种技术参数（如煤耗强度、电耗强度等）的对应水平直接推算未来的煤炭消费量；趋势情景则假定"十二五"期间的各种措施继续在"十三五"期间发挥作用，相应的各种经济技术指标（各种煤耗强度、电

耗强度）延续"十二五"期间的变化幅度，基于此推算未来的煤炭消费量；规划情景是指按照《山东省能源中长期发展规划》中的要求，2020年山东省煤耗要比2012年减少2000万吨，即将煤炭消费量控制在3.5亿吨的情景。

二、山东省实现控煤目标的主要途径

山东省实现煤炭消费总量控制目标主要有煤炭消费减量、煤炭清洁化利用和煤炭替代三种路径。煤炭消费减量路径是指对高耗能行业的技术改造，淘汰高耗能行业中的落后产能；而煤炭清洁化利用路径是指通过加快高效煤粉、水煤浆等洁净型煤技术的应用，以及逐步推广洗选煤技术，实现工业燃煤小锅炉燃料的升级，推进散煤治理；煤炭替代路径则主要依靠"外电入鲁"、天然气替代以及非化石能源替代的方式实现控煤。

1. 煤炭消费减量

直接节能：通过耗煤项目的技术改造提升煤炭利用效率。"十三五"期间，山东省对有色金属、电力、钢铁、煤化工以及建材等重点耗煤行业实施节能技术改造，降低煤炭消费强度，减少煤炭消费1995万吨标准煤。

间接节能：淘汰有色金属、电力、钢铁、煤化工以及建材等重点耗煤行业中的落后产能，大力发展优质产能、落实合理产业布局等，限制及减少煤炭消费。2020年山东省规划情景下的减煤目标详见表7-5-1。

表7-5-1 2020年山东省规划情景下的减煤目标（路径：煤炭消费减量）

单位：万吨标准煤

目标减煤量：3630万吨标准煤，占减煤任务总量的46.86%		
技术改造 （1995万吨标准煤）	电力	1270
	煤化工	450
	钢铁	210
	有色金属	50
	建材	15

续表

目标减煤量：3630万吨标准煤，占减煤任务总量的46.86%		
淘汰落后产能 （1635万吨标准煤）	电力	660
	煤化工	80
	钢铁	640
	有色金属	55
	建材	200

2. 煤炭清洁化利用

山东省工业燃煤小锅炉耗能约占全省能源消耗的14%，燃煤小锅炉普遍存在锅炉及辅机选型、锅炉房布置不合理，燃料与设计不匹配，锅炉水质处理不规范等问题，总体热效率平均值在60%~70%，比国际先进水平低10~15个百分点；此外，山东省有3000万吨左右的散煤用于居民家庭取暖以及餐饮，这部分散煤多为劣质烟煤，散煤的治理是解决山东省大气环境污染问题、消除大面积雾霾天气的关键。

高效清洁利用煤炭的技术措施包括推广先进的高效煤粉、洁净型煤和水煤浆技术，加大对洗选煤和配煤技术的推广力度，实现工业燃煤小锅炉燃料升级。在城镇和农村推广洁净型煤、兰炭等治理散煤。山东省2020年规划情景下煤炭清洁化利用的减煤量目标为180万吨标准煤，占减煤任务总量的4.39%。

3. 煤炭替代

山东省煤炭替代则主要依靠"外电入鲁"代煤、天然气代煤以及非化石能源代煤三种途径，2020年山东省规划情景下的以清洁能源替代煤炭的减煤量目标，详见表7-5-2。

表 7-5-2　2020 年山东省规划情景下的减煤目标（路径：煤炭替代）

单位：万吨标准煤

目标减煤量：3776 万吨标准煤，占减煤任务总量的 48.75%	
"外电入鲁"代煤	937
天然气代煤	2257
非化石能源代煤	582

（1）"外电入鲁"代煤

"外电入鲁"电力通道主要有锡盟到济南输电通道、榆横到潍坊输电通道以及上海庙到临沂输电通道，2020 年，山东省接纳省外来电约 3200 万千瓦。在稳定山东省内发电量的前提下，外调电量增加约 1213 万千瓦时，减少煤炭消费约 937 万吨标准煤。"煤改电"的路径包括电采暖替代燃煤锅炉，在陶瓷、玻璃行业推进电窑炉替代煤窑炉、加快推进低温空气源热泵应用，针对电价以及"煤改电"初装费等问题，山东省政府已出台补贴政策，推进"煤改电"的工作进度，提高电能在终端消费的使用比例。

（2）天然气代煤

山东已累计建成天然气主干管道 47 条，总长约 4834 千米。山东省正在实施"气化山东"工程，在城乡地区大幅推进"煤改气"，力图提高天然气消费占比，为实施天然气代煤，采取以下措施：优化布局陆上天然气管道，建设与沿海地区的液化天然气（LNG）接收站，完善区域性天然气输配管网；推进城市调峰设施、LNG 储备库与地下天然气储备库建设，提升天然气储备应急调峰能力；促进城乡居民能源使用清洁化，推行燃气公共服务，加快城镇燃气公共服务建设；加大新型农村社区天然气推广力度，加快建设液化天然气、压缩天然气供气站。通过以上措施的实施，预计天然气消费量可由 2015 年的 80.3 亿立方米提高到 2020 年的 250 亿立方米，替代煤炭 2257 万吨标准煤。

(3) 非化石能源代煤

"十二五"以来，山东省重点发展风能、太阳能、生物质能、地热能等可再生能源。2020年，山东省风电装机规模已达1400万千瓦；光伏装机规模达1000万千瓦；沼气发电装机达10万千瓦；生物质固体成型燃料年利用量达100万吨以上；车用乙醇汽油年利用量保持在120万吨以上；生物质发电装机规模达230万千瓦；地热能总供暖（制冷）面积达到1.5亿平方米；建设2~3个海洋能示范项目；实现抽水蓄能电站装机容量100万千瓦；荣成、海阳核电站总装机规模270万千瓦。

通过以上措施，山东省进一步提高了非化石能源发电比例，减少了对煤炭的使用。

综上，通过煤炭消费减量、煤炭替代以及煤炭清洁化利用的途径，山东省实现减煤7746万吨标准煤，基本实现规划情景下的减煤目标。其中，煤炭消费减量、煤炭替代是主要路径，两者占减煤任务总量的95.61%。

煤控情景是在规划情景的基础上，进一步提高了外调电量替代煤炭消费。除此以外，煤控情景所采取的措施与规划情景一致。煤控情景下提高外调电量至1879亿千瓦时，进一步减少省内煤炭消费约1969万吨标准煤。由此可实现总减煤9715万吨标准煤，基本实现煤控情景下的减煤目标。

表7-5-3汇总了2020年山东省在规划情景与煤控情景下，煤炭消费减量、煤炭清洁化利用以及煤炭替代三种路径的减煤情况。

表7-5-3 2020年山东省三种路径减煤情况汇总

单位：万吨标准煤

		规划情景	煤控情景
减煤路径	煤炭消费减量	3630	3630
	煤炭清洁化利用	340	340
	煤炭替代	3776	5745
	小计	7746	9715

第六节　山东省减煤量配额分配方案

煤控情景是在规划情景的基础上提高外调电量代替煤炭消费,两者的计算方法相同。因此,我们仅以规划情景为例,通过计算说明如何将山东省减煤总量分解到各地级市以及各行业。按煤炭消费强度的行业基准法,核定电力、有色金属、建材(水泥、平板玻璃)以及钢铁行业的减煤量;按煤炭消费强度的行业历史法,计算化工(包括煤化工)、造纸、机械等其他行业的减煤量。统计每个地市各行业的耗煤量,计算出每个地市各行业煤量消耗在全省的占比,再乘以各行业的减煤量,最后将每个地区各行业减煤量加和,即得出各地区的减煤量。例如:济南地区电力减煤量=全省电力行业减煤量×(济南电力耗煤量/全省电力耗煤量),然后依照此计算方法计算出济南地区有色金属、建材、化工等其他行业的减煤量,加和后即得出济南地区的减煤量指标。

按照上述减煤量配额分配原则,2020年山东省规划情景下的各地市减煤量配额分配方案如表7-6-1所示。

表7-6-1　2020年山东省规划情景下的各地市减煤量配额分配方案

单位:万吨标准煤

地区	减煤量	减煤量占总目标比重
滨州	854	11.08%
济宁	835	10.83%
临沂	669	8.68%
淄博	634	8.23%
菏泽	603	7.82%
枣庄	590	7.66%

续表

地区	减煤量	减煤量占总目标比重
潍坊	590	7.66%
泰安	537	6.97%
莱芜	447	5.80%
烟台	416	5.40%
德州	385	4.99%
聊城	284	3.68%
济南	248	3.22%
青岛	204	2.65%
日照	197	2.56%
威海	144	1.87%
东营	70	0.90%
总计	7707	100.00%

按照上述基准法和历史法的减煤量配额分配原则，计算得出山东省各行业的减煤量。山东省规划情景下的各行业减煤量配额分配占比如图 7-6-1 所示。

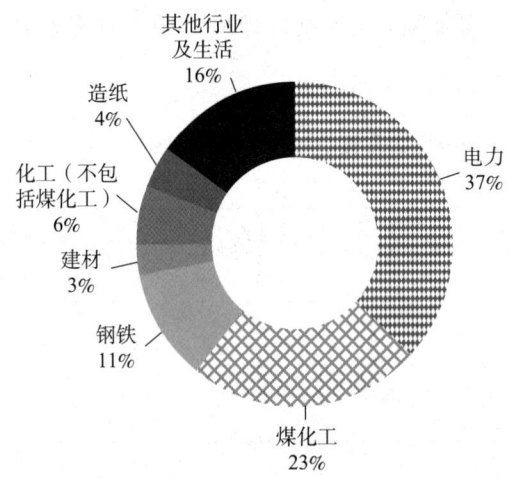

图 7-6-1 山东省规划情景下的各行业减煤量配额分配占比

第七节　山东省煤炭消费总量控制的保障措施

一、严格实施散煤管控

散煤直燃直排造成的污染尤为严重,其污染物排放强度为烟煤的十多倍。因此,山东省应该加大资金投入力度,逐级落实责任,强化或出台散煤治理制度,主要采取以下措施:

一是加快实现标本兼治,降低天然气使用成本,鼓励用户使用天然气、液化石油气、煤质天然气、电等清洁能源。开发利用太阳能、地热能、生物质能及核电,实现散煤替代,减少大气污染。并在各区县完成"高污染燃料禁燃区"划定,禁燃区内禁止原煤散烧。

二是全面落实商品煤质量标准和锅炉燃煤技术标准,推进煤炭分质分级利用和煤炭清洁化燃烧。建议山东省政府主管部门尽快出台《劣质民用煤治理工作方案》,坚决治理劣质燃煤非法销售、生产、使用等行为,削减劣质散煤的使用量。尽快制定山东省工业和民用燃煤与山东省洁净型煤标准,限制高硫分、高灰分煤炭的开采与使用,燃用煤炭必须符合《山东省实施〈商品煤质量管理暂行办法〉细则》的相关规定。到2020年,建成以县(区)为单位的全密闭配煤中心以及乡村全覆盖的洁净型煤供应网络,洁净型煤占比90%以上,逐步实现散煤治理"全覆盖、全替代"。

三是实施销售补贴政策,经乡政府、村委会、居民三方签字后,洁净型煤厂可根据相关凭证领取补贴。政府将洁净型煤和清洁炉灶推广任务落实到乡、镇、村,通过招标、加盟等方式,引导大型煤炭企业参与洁净型煤和清洁炉具的销售及推广工作，逐步建立覆盖乡、镇、村的清洁煤炭供应网络；市级政府统一制定清洁煤炭和清洁炉灶价格。此外，在试点区域每个乡镇，可免费配发一定数额的节能环保炉具，并由煤炭企业配送到居民家中。对连续使用洁净型煤或兰炭3年以上的居民，免费赠送一台专用炉具，并免费上门安装；组织开展洁净型煤和兰炭试烧活动。

四是明确散煤治理的主管部门。建议由市场监管委牵头，工信部等相关部门执法，明确制定散煤治理的目标与分工方案。由山东省政府采购中心通过招标确定洁净型煤供应商与洁净型煤燃煤炉灶供应商，同时确定服务商，通过服务商的介入，推进炉具企业与煤炭经营企业联手合作，使供应商同用户直接建立联系，减少中间环节，依法清理取缔无照或者不符合规划的储煤场地。

五是完善煤炭储运配送体系。可借鉴德州市试点成功经验，实行清洁煤炭经营配送承诺制，在每个县市区建设1~2处煤炭物流园区或培植2~3家煤炭经营骨干企业、每个乡镇设置1个配送中心，建立起物流园区与配送中心相结合的煤炭市场体系，实现煤炭精细化加工和集中统一配送。

二、优化用煤过程

1. 持续开展产业结构调整

大力发展先进制造业和战略性新兴产业，瞄准产业发展制高点和国家重大战略需求，加快发展高端装备、新一代信息技术、生物医药等重点战略产业，着力推动产业结构优化升级和生产方式绿色化。落实《〈中国制造2025〉山东省行动纲要》，采用先进节能低碳环保技术改造传统产业，深入实施重点行业转型升级实施方案和《山东省工业转型升级行动计划》。

开发绿色产品，引导绿色生产和消费，加快发展绿色制造业。建设绿色工厂，推动原料无害化、废物资源化、生产洁净化、厂房集约化和能源低碳化；发展绿色园区，推动工业园区耦合，实现零排放；建立绿色供应链，打造生产、采购、营销及回收全产业链物流体系，实现资源节约和环境友好型的目标导向；培育壮大绿色企业，实施绿色战略、绿色管理、绿色标准和绿色生产。

2. 逐步淘汰落后产能

发挥标准的倒逼和引领作用，严格执行水耗、能耗、污染物排放、煤耗、环境质量等强制性标准，加大钢铁、电解铝、焦炭等重点行业落后产能淘汰力度，制订限期整改方案，制订年度落后产能淘汰计划。在完成国家指令性落后产能淘汰目标的基础上，结合山东省实际情况，通过实行惩罚性电价、阶梯电价等手段，加大对钢铁等能源利用效率低、煤耗高、污染重项目的淘汰力度，对产能过剩的行业（主要是钢铁、水泥、电解铝、平板玻璃等），实施产能置换，遏制产能过剩行业扩张。

截至2017年，全面淘汰能耗高于行业平均值的水泥、平板玻璃、生陶瓷生产线。截至2020年，淘汰改造后仍不符合能效、环保等标准的30万千瓦以下机组，尤其要淘汰纯凝机组（运行满20年）和抽凝热电机组（运行满25年）；煤化工产业基本完成淘汰落后产能，现代煤化工产业比重和精细化工率要有大幅度提高；全面关停淘汰能耗高、技术落后、规模小的铜、铝冶炼产能；持续淘汰能耗高于国家行业平均水平的炼铁高炉和炼钢转炉、电炉等。

3. 重点行业大力落实节能改造

加快高效煤粉锅炉应用，落实"工业绿动力"，推进煤炭清洁化利用。在企业聚集区域实行上大压小，借鉴国内外先进经验，推行高效环保煤粉锅炉供热，淘汰污染物排放高、能效低的小锅炉。

淄博市试点工作表明，高效环保煤粉锅炉运行后，锅炉平均热效率由过去的 60% 提高到 90% 以上，煤炭燃尽率由 90% 提高到 98%，吨煤产气量由 6 吨左右提高到 9 吨左右，烟尘、二氧化硫、氮氧化物排放分别低于 10mg/m³、50mg/m³、100mg/m³，达到超低排放，吨煤污染物排放约为改造前的 12.5%。

自 2015 年 6 月"工业绿动力"计划实施以来，山东省加大了对落后、低效、污染重的燃煤锅炉的更新与淘汰力度，强化节能减排治理效果，并取得了明显成效。"工业绿动力"计划不仅倒逼企业技改升级和淘汰落后设备，还促进了锅炉制造安装、检测服务等新兴产业的研发和生产。自"工业绿动力"计划实施以来，太阳能集热系统在纺织、化工、印染、食品等工业领域得到快速推广，有些项目已部分或全部淘汰燃煤锅炉。

4. 完善长效能源管理机制

完善能源生产、流通、消费、库存等数据的统计监测体系。明确非化石能源统计指标，摸清煤炭消费"家底"数据，使政府清楚市场上每一吨煤炭消费的来龙去脉，有助于政府对山东省煤炭消费以及能源消费进行宏观调控。

从严把好新上耗煤项目的环评审批关口，新建燃煤项目在进行节能评估前，应满足所在市煤炭消费总量削减要求。新建耗煤项目的排污强度必须达到国内先进水平。对未取得污染物总量控制目标的项目，不予环评审批。新建燃煤发电项目及其他高耗煤行业环境影响报告中应包含煤炭替代方案，明确煤炭替代来源及替代削减量。

三、科学产煤与煤替代同步落实

1. 以需定产，科学产煤

重新核定省内现有矿井的生产能力，原则上不再增加煤炭新建项目，逐步收缩或关闭济南等东部矿区矿井，压减济宁等中部矿区产能规模，保持巨野等西部矿区煤炭产量稳定，对黄河北煤田实施战略性保护。

大力推动使用充填式开采、保水式开采、煤与瓦斯共同开采等新型绿色开采技术，从源头上解决煤炭开采引起的地表沉降、塌陷和地下水破坏等生态环境问题，通过绿色环保手段倒逼企业去产能。

坚持分类指导，组织全面摸清企业情况，"一企一策"研究制订职工安置方案，重点做好解除劳动合同的职工安置工作；在积极争取国家奖补政策的同时，研究出台全省煤炭职工转岗、内退、再就业扶持措施等。

2. 调整能源优化结构

调整能源优化结构的重点是发展清洁低碳能源，严格实行能源消费总量和强度双控制度，实施煤炭消费总量控制，降低煤炭消费比重。

积极接纳省外来电。适时建设新的"外电入鲁"通道，提高电煤消费比重。按照《山东省人民政府 山西省人民政府关于深化战略合作的指导意见》，加快实施"晋电送鲁"项目。借鉴济南案例经验，取消基本电价费用，尽快探讨出台"煤改电"初装费的相关补贴渠道。

加大中央石油企业对山东天然气的供应力度。统筹安排陆上天然气入鲁、沿海LNG（液化天然气）接收站建设，完善覆盖全省的天然气输配管网，扩大天然气在交通、工业燃料以及民用等领域的应用，提升天然气消费占比，扩大消费市场。

在陶瓷、玻璃、铸造等行业内，积极推进天然气替代煤气工程。在保障民生的前提下，在热电联产、工业锅炉、窑炉等领域用天然气替代煤炭。在工业园区以及中央商务区推广天然气冷、热、电三联供。

尽快完善有利于发展风电的电力调度与管理体制，确保风电全额保障性收购。以山东半岛东部、北部沿海城市（烟台、潍坊、东营、滨州等）以及鲁中（淄博、泰安）、鲁南内陆丘陵、山地地区（济宁、临沂、枣庄等）为重点，积极建设陆上千万千瓦级风电基地。以莱州湾、渤海半岛、中部南部以及北部等地的百万千瓦级海上风电基地作为开发重点，推进近海风电项目建设，打造海上风电基地。

加快推进太阳能多元化利用，扩大太阳能利用领域和规模，以济宁微山、鱼台、任城、兖州、邹城，枣庄滕州、市中区、峄城区，泰安新泰，菏泽巨野、郓城等煤矿、石膏矿塌陷较为集中的区域为重点，打造鲁西南塌陷地光伏发电基地；充分利用东营河口、垦利，滨州沾化、无棣，潍坊滨海、寿光、昌邑等区域盐碱滩涂地，形成鲁北光伏发电聚集区；在青岛、潍坊、威海、枣庄、东营、德州、聊城等现代农业示范区建设区域，建设光伏发电示范区，推进"光伏扶贫""阳光屋顶"等工程建设，推动分布式光伏发电。

四、落实相关激励政策

落实节能环保、生态建设和新能源方面的税收优惠政策。实行税费清单制度，减少煤炭企业税费负担，对经营困难企业减免滞纳金，实施社保缓交或减额缴纳的政策，优先为煤炭企业职工缴纳退休职工的养老保险，对煤炭企业职工实行个案补缴。

加大财政资金扶持力度。统筹工业企业结构调整的专项奖补资金、省市配套扶持资金、国有资本预算资金以及补贴煤炭"僵尸企业"的地方财政预算资金，用于被淘汰落后煤炭企业的职工安置。散煤治理政府主管部门要尽快测算清洁煤补贴与先进民用炉灶补贴总量，根据政府财政情况出台相应的洁净型煤补贴政策。鼓励商业银行加大对煤炭企业的信贷支持，建立融资担保贷款风险分担机制，强化政银、商银合作。

稳妥推进价格综合改革，在生产领域完善和落实"扶限并举"的差异化价格政策（阶梯电价、差别电价以及阶梯水价等），严格推行脱硝、脱硫、除尘等环保电力价格政策。比如，山东省将济南作为"煤改电"试点，在由省物价局、省经信委出台的"煤改电"蓄热电锅炉替代项目电价政策中提到，对于《济南市人民政府办公厅关于加快城市建成区燃煤锅炉淘汰（改造）工作的通知》中所涉及的执行大工业电价的"煤改电"蓄热电锅炉替代项目，暂不收取基本电费。此外，进一步完善光伏、风力、垃圾（污泥）焚烧处置等省级发电项目的补贴政策。

五、健全市场调节机制

完善并落实山东省碳排放市场交易方案，开展电力、钢铁、交通和建筑等重点领域碳排放数据核算、配额管理等工作，推动山东省实现煤炭消费总量控制目标，实施地方经济转型发展的碳配额分配和标准。

开展森林碳汇交易，建立碳汇交易市场。努力增加农业、森林、湿地、海洋碳汇，构建以低碳排放为特征的能源、工业、建筑、交通体系，助推山东经济实现绿色低碳转型升级。

构建市场化的节能减排机制。适度扩大节能引导资金规模，细化实施细则，优先调度可再生能源发电。根据能耗和污染物排放情况，依次调用化石能源发电。扩大大型企业直供电交易，完善节能量交易办法，提升山东省能源环境交易中心的地位，增强服务功能。

拓展投融资渠道。加大政府资金投入，制定相关政策引导各类资金投向节能环保、资源综合利用的项目；扩大绿色债券发行规模，重点投向清洁能源、重点耗能企业的节能技术改造、循环经济、节能环保以及低碳技术等领域。

六、监管考核与追踪落实

工作领导小组对煤控政策、体制机制创新等问题统筹协调，审议煤炭减量方案；省级部门负责重大政策落实，市级部门负责重大工程建设和重大事项审议；其他相关部门负责制定和完善相关配套政策，落实煤炭减量替代工作。

　　建立贯彻落实督导制度。明确目标任务、责任分工和时间表；制定煤炭减量工作实施的责任清单，落实好目标责任制；加强分类管理和指导，设立年度进展报告制度，并就实施情况开展专项督查检查。

　　完善政绩考核和责任追究机制。加大对环境损害、资源浪费的差异化考核力度，各级党委政府要对本地环境和资源负责，对因决策部署不力造成生态环境或资源破坏严重的领导干部终身追责，对因盲目决策造成严重后果的领导干部严肃追责和问责。

第八章

山东省散煤治理措施与替代方案

第一节　山东省散煤治理措施——以淄博市为例

近年来,山东省淄博市散煤治理成效显著,其治理经验值得其他地区借鉴。

一、散煤治理的典型办法

散煤治理的典型办法是用优质无烟煤(低硫、低灰、高热值)加工而成的洁净型煤和兰炭代替散煤。对使用洁净型煤的用户给予财政补贴并向用户赠送燃烧洁净型煤和兰炭的专用炉具。政府财政补贴的标准一般为300~500元/吨。淄博市选择张店区、高新区、桓台县果里镇、淄川区双杨镇4个区镇作为试点推广洁净型煤和兰炭。该市借鉴北京、天津等地政策,对民用洁净型煤给予财政补贴250~300元/吨,并免费配送洁净型煤专用炉具给用户。

二、淄博市散煤治理的具体做法

淄博市自开展民用散煤治理工作以来,通过对试点区域配送专用炉具、洁净型煤和兰炭,大幅减少了散煤直燃对空气的污染;同时,通过推广洁净型煤和兰炭,淄博市所属区县加快了煤改电、煤改气、地源热能等采暖工作的进程。该市散煤治理工作落实有以下要点。

(1) 领导重视。淄博市委市政府重视生态淄博市建设，成立了市空气异味综合治理和孝妇河流域综合治理两个指挥部。

(2) 政策先行。淄博市印发《关于试点推广使用民用洁净型煤的通知》，将张店区、高新区、淄川区双杨镇、桓台县果里镇列为民用散煤治理试点区域；印发《关于禁止原煤散烧推广洁净型煤和兰炭的通知》，大力推广洁净型煤和兰炭，明确民用散煤治理目标任务，并让市级所有机关事业及社会公益单位率先使用清洁煤炭。

(3) 加强力量。调整煤炭清洁利用工作领导小组，为淄博市煤炭清洁利用试点区县设立专项资金，对买煤户、置换煤户给予补贴。

(4) 搭建平台。淄博市煤炭局牵头为企业牵线搭桥，组织洁净型煤企业座谈会，组织试点区县、镇办召开洁净型煤试烧现场会，采取"请进来、走出去"的方式，与陕西省榆林市对接并签署战略合作协议，保证清洁煤炭供应。同时，引入淄矿集团内蒙古双欣煤矿点火煤，确保淄矿集团省外优质煤源优先供应淄博。

(5) 完善机制。把好煤源入口关，加大执法检查力度，严厉打击劣质散煤经营销售。由市委、市政府对试点工作进行专项督查，建立周调度、月通报制度，督促工作进度。

淄博市重点采用"好煤配好炉"的方法治理民用散煤。淄博市试点区县投入专项财政资金，用于节能环保炉具的配送。

民用散煤治理工作中，淄博市对清洁炉具的推广采取以下做法：一是政府免费为居民发放节能环保炉具，在每个试点乡镇免费发放500台（套）节能环保炉具；二是实现清洁环保煤炭与节能环保炉具的捆绑销售，对连续使用节能洁净型煤或兰炭三年以上的，免费赠送节能环保炉具并免费安装；三是节能环保炉具企业与煤炭经营企业联合开展洁净型煤和兰炭试烧；四是节能环保炉具企业加大资金投入，研发清洁环保的新炉具产品，让煤炭企业推广其节能环保炉具产品。淄博市对工业散煤治理的措施主要集中于燃煤小锅炉整治以及高效煤粉锅炉示范推广工作等方面。

第二节 山东省农村地区散煤替代方案经济技术性分析

为加快山东省农村地区的散煤治理，可考虑使用被动式太阳房、光伏建筑一体化发电系统这两种适合农村地区的太阳能利用技术。此外，农村户用沼气和农村大中型集中沼气供气工程也对农村散煤替代发挥重要作用。由于生物质颗粒的燃烧特性更好，推广生物质成型燃料可在很大程度上替代散煤，提高农村的能源利用水平。

本节主要对被动式太阳房、光伏建筑一体化发电系统、户用沼气、生物质成型燃料技术与煤炭进行经济技术性对比分析。

一、被动式太阳房

被动式太阳房主要依靠建筑本身构造和材料的热工性能使房间尽可能地多吸收和储存热量，靠热辐射和自然流动达到采暖目的。被动式太阳房具有构造简单、造价低、便于维护的特点，但其调节和控制温度的能力较弱。根据构造的不同，又可以将被动式太阳房分为直接受益式太阳房、集热墙式太阳房、附加温室式太阳房和屋顶集热式太阳房。

太阳房可调节室内温度，减少居民冬季室内采暖需求，对太阳房的经济性分析主要考虑太阳房相对于普通住房的增量投资 ΔK、年节煤量 S_c、煤炭价格 P_c、燃煤炉具的购置成本 F 以及太阳房的维护成本 M 等因素。

太阳房的增量投资 ΔK：太阳房的增量投资与太阳房的结构有关，通常来说，我国北方地区太阳房比传统住房的造价要高15%～20%。

太阳房的年节煤量 S_e：太阳房的年节煤量与当地冬季太阳辐射量、太阳房的保温性能、集热面积（玻璃采光面积）有关。但是，由于涉及的因素很多，所以很难准确计算节煤量。一般可根据节省的取暖用煤量来估计：$S_e=B_e\times I$。其中，B_e 为传统住房年取暖用煤量，可通过统计获得或根据当地供暖的有关标准来估计；I 为太阳房供暖保证率，取值在60%～100%。

太阳房的年经济收益：如果太阳房的供暖保证率能够达到100%，则居民家中就可以不安装燃煤炉具，太阳房的年收益可以表示为：$R=P_e\times S_e+F\times A_f-M-\Delta K\times A_j$。其中，$A_f$ 为炉具购置成本的年摊销系数，与炉具使用年限 T_f 和折现率 r 有关。

A_h 为太阳房增量投资的年摊销系数，与房屋使用年限 T_h 和折现率 r 有关。在实际中，山东省太阳房的供暖保证率不可能达到100%，因此居民家中还要安装燃煤炉具，此时太阳房的收益可以表示为：$R=P_e\times S_e-M-\Delta K\times A_h$。

假设山东省某农村地区，冬季采暖季约5个月（每年11月至次年3月），当地居民一般采用燃煤采暖炉取暖。根据当地太阳能资源丰富的特点，拟建设一座150平方米的被动式太阳房。传统住房的投资大约8万元，太阳房的投资要高20%，每年增加维护成本200元，使用寿命为40年。在整个采暖期，150平方米普通房屋用燃煤炉取暖需用煤炭4吨，当地煤价800元/吨。太阳房只能保证晴天白天的室内温度，晚上和阴天仍需要燃煤炉供暖。太阳房的供暖保证率可达到60%，折现率取5%。

因此，该太阳房的节煤量为：$S_e=B_e\times I=4\times 60\%=2.4$（吨）；其经济收益为：$R=P_e\times S_e-M-\Delta K\times A_h=800\times 2.4-200-16000\times 0.0583=787$（元）。

根据计算可发现：单从经济角度来看，在华北这样太阳能资源充足的地区建设太阳房是有利可图的。

太阳房的能源效益：根据案例数据，山东地区一座典型太阳房每年可节约煤炭2.4吨，折合标准煤为：2.4×0.7143=1.7（吨）。

太阳房的环境效益：利用太阳房可以减少煤炭燃烧，按照农村燃煤炉燃烧煤炭的基准排放因子可以计算烟尘和温室气体的减排量。

农村燃煤炉结构简单，没有专门的污染控制设备，燃煤污染物排放系数高。当然，由于各地使用煤炭的灰分和含硫量不同，污染物排放系数会有所不同。在煤炭灰分小于25%，含硫量小于1%的情况下，农村燃煤炉的污染物排放系数如表8-2-1所示：

表8-2-1 农村燃煤炉的污染物排放系数

单位：千克/吨标准煤

污染物	CO_2	SO_2	NO_x	烟尘
排放系数	1900	10.49	3.99	2.05

二、光伏建筑一体化发电系统

光伏建筑一体化发电系统是利用太阳能发电的一种新形式，是太阳能光伏发电系统与现代建筑的完美结合。具体来说，光伏建筑一体化发电系统就是在建筑物的外表铺设太阳能光伏电池板，将太阳能发电系统与屋顶、天窗等有机地融合为一体，从而有效利用太阳能。

通常，受建筑物屋顶面积的影响，2000瓦的光伏建筑一体化发电系统比较普遍。另外，根据是否与电网连接，可以将光伏建筑一体化发电系统分为并网型和离网型两种。根据山东省城市和农村实际状况，并网型光伏发电系统有很好的应用前景。并网型光伏建筑一体化发电系统包括逆变器、太阳能电池板和控制器三大部件，当前主流2000瓦并网型光伏发电系统组件及参数详见表8-2-2。

表 8-2-2　并网型光伏发电系统组件及参数

名称	容量（瓦）	价格（元）	寿命（年）
电池板及支架	2000	10000	15
逆变器	2000	5000	15
控制器	2000	2000	15

2000瓦并网型光伏系统也需要按照成本及其他费用2000元、每年运行维护成本200元计算，并网型光伏系统的发电成本由下面公式得出：

$$C_{BIPV2} = [(C_{cel}+C_{inv}+C_{con}+C_{ins}) \times A_{15} + C_{ml}]/2h$$

其中，C_{cel}、C_{inv}、C_{con}、C_{ins}、C_{ml}分别代表电池板、逆变器、控制器的购置成本以及系统安装成本和日常维护成本；A_{15}表示15年的"年值/现值"系数；h表示光伏发电系统年有效运行小时数。按照二类太阳能辐射区建筑光伏年均1300小时取值。

$$C_{BIPV2} = [(10000+5000+2000) \times 0.0963+200]/(1300 \times 2) \approx 0.71（元）$$

当前山东省居民电价在0.55元左右，与此相比，并网型光伏发电系统的发电成本要高一些，不过差别不太大。并网型光伏发电系统的安装主要是出于能源节约与环境保护方面的考虑。

并网光伏发电系统的对照技术是燃煤火力发电，按照2000瓦光伏发电系统一年发电2600千瓦时、电网供电煤耗每千瓦时330克标准煤计算，2000瓦并网型光伏发电系统一年能节约化石能源$0.33 \times 2600 = 858$（千克标准煤）。

三、户用沼气

户用沼气系统是农村生物质能利用的一种重要模式。它是指把人畜粪便和农产品的废弃物投入沼气发生装置，在厌氧的条件下经过发酵生成沼气，再通过管道输送到农户，为其提供生物燃料，同时沼气发生装置中的沼液和沼渣可作为有机化肥替代部分化肥。

1. 农村户用沼气

沼气主要用于农村居民家庭炊事或取暖，使用沼气可减少液化气、煤炭和薪柴的使用量。目前，农村户用沼气池基本都属于常温发酵，产气率不高。根据实际的运行数据来看，当气温在10℃~28℃、发酵料液中的干物质含量在6%~10%时，沼气池的产气率为0.1~0.3。按当前农村一般家庭人口及生产水平分析，每户每天沼气用量在0.8~1.2立方米。因此，一般农村户用沼气池的容积在8~10立方米比较合适。

山东省农户燃煤利用调研发现几乎很少有农户使用沼气，经分析发现，主要有两个缺陷影响了山东省农户对沼气的使用。一是出料，尤其是大出料过程比较麻烦，从而影响了用户使用沼气的积极性。由于现在农村沼气配套服务体系欠缺，加之缺少专业的沼气服务队伍，出料过程需要农户自己完成，工作量较大，产气也不稳定。二是农户用沼气基本都采用常温发酵，其保温效果不太好，造成了冬季产气不足的问题。

2. 农村大中型集中沼气供气工程

我们依据减少煤炭、秸秆薪柴以及液化石油气使用量，对集中供气沼气工程的能源及环境效益进行分析。

假设某个集中供气沼气工程采用升流式厌氧发酵技术（USR），项目初始建设成本为260万元，寿命为15年，设备残值为0。该项目设计池容积为600立方米，每天处理猪粪9立方米、养殖污水60吨，产沼气510立方米。运行过程中，安排4个管理维护人员，每年的运行成本为23万元。项目产生的沼气按1.5元/立方米出售，沼液、沼渣作为有机肥每年可获得销售收入30万元。

集中供气沼气工程每年的收益包括销售沼气、有机肥的收入和避免排污收费等几部分，可由以下公式计算：

$$R_{bg}^a = P_{bg} \times Q_{bg} + P_e \times Q_{ae}^{bg} + R_{bgog}^a$$

其中，R_{bg}^a 表示集中供气沼气工程的年收益；P_{bg} 表示沼气的销售价格，假定为1.5元/立方米；P_e 表示污水的排污收费价格，假定为2元/吨；Q_{bg}、Q_{ae}^{bg} 分别表示每年的沼气产量和污水排放量；R_{bgog}^a 表示该工程每年沼渣和沼液的销售收入，假定为30万元/年。集中供气沼气工程每年的运行成本 C_{bg}^a 包括原料成本、人工成本、维修成本等，假定为22万元/年。

假定折现率为5%，则集中供气沼气工程的项目净收益为：

$$NPV_{bg} = (R_{bg}^a - C_{bg}^a) \times NA(15) - C_{bg}^0$$

其中，$NA(15)$ 表示折现率为5%，寿命期为15年时的现值/年金系数，为10.3797；C_{bg}^0 表示该集中供气项目的初始化建设成本。根据以上数据，可以计算出该项目的净现值为：

$$NPV_{bg} = (27.92 + 4.38 + 30 - 22) \times 10.3797 - 260 \approx 158 （万元）$$

该项目的净现值为158万元，不过，相对于260万元的投资，158万元的净现值并不算大，投资收益不太明显。另外，在现实中，由于沼气、沼渣和沼液的销售受地域影响强及农村亲情关系复杂等，企业经常会低于预期价格进行销售，往往会使集中供气沼气工程出现亏损。

集中供气工程可以向附近村庄的居民供气，替代居民的其他燃料消耗。按照该集中供气工程年产沼气18万立方米，假定每年各有6万立方米分别替代煤炭、秸秆薪柴和液化石油气，按照热值和热效率数据，该集中供气沼气工程每年节省煤炭、液化石油气和秸秆薪柴分别为144吨、24.9吨和205.6吨。只计算节省化石能源的数量，折合标准煤为：$144 \times 0.714 + 24.9 \times 1.72 \approx 187$（吨标准煤）。

由于秸秆和薪柴的排放因子存在差异，假定沼气按照1∶1的比例替代秸秆和薪柴，根据以上数据，按照各种燃料的排放因子，可计算出该集中供气沼气工程每年减少的温室气体和污染物排放量。

四、生物质成型燃料技术

生物质成型燃料是一种可再生的绿色能源，不仅可使农林固体剩余物废弃资源得到综合利用，而且可以替代煤炭、燃料油和天然气，既能减排二氧化硫、氮氧化合物和粉尘，还能减排二氧化碳。生物质成型燃料热值较高，运输和存储比较方便，可替代煤炭用于农村居民取暖或炊事作业。

生物质成型燃料燃烧技术发展很快，不同燃烧炉的效率差别较大。学界通常认为生物质颗粒燃烧效率更高，燃烧过程中的污染物排放量要比生物质直接燃烧更低。从温室气体减排的效益角度看，1 吨生物质颗粒可以替代 1.1 吨煤炭的发热效果，1.1 吨煤炭燃烧释放出 2 吨二氧化碳，因此，1 吨生物质颗粒的环境效益可以看作减少 2 吨二氧化碳排放。

五、洁净型煤技术

近十几年来，为实现煤的清洁利用，出现了许多不同的"洁净型煤技术"（Clean Coal Technology）。洁净型煤技术泛指能够减少污染、提高利用效率的技术和工艺，包括煤的洗选、煤气化、烟气净化、二氧化碳的储藏和利用、低阶煤提质、煤化工等。可以看出，这些洁净型煤技术，除洗选外，都是通过改变煤的应用过程以达到降低燃煤污染物排放的目的，并没有从燃煤本身的性能和化学特性方面着手，改变煤的污染物生成特性，从源头控制污染物的生成和排放。

燃煤所产生的污染物不仅包括二氧化硫，还包括一氧化碳、氮氧化合物、可吸入颗粒物及一些重金属等。因此，仅重视脱除二氧化硫是不够的，还应积极探索燃煤多污染物的协同净化技术，真正达到保护环境、改善空气质量的目的。

洁净型煤技术属燃煤产业的重大变革技术，是严格控制煤炭质量指标、从源头控制煤炭多污染物排放的根本性技术。同时，它也是对目前已有的洗选技术、燃煤烟气脱硫技术的有力补充。洁净型煤技术是提高煤炭资源利用水平、保护生态环境、建设可持续发展经济的必要技术。

随着国家宏观发展战略的转变，洁净型煤技术已经成为解决环境问题的关键技术之一，已成为我国可持续发展的重要战略措施之一。洁净型煤属清洁能源，与燃烧原煤相比，其二氧化硫、二氧化氮的排放量，以及烟尘排放量可分别减少40%~60%，此外，所排放的强致癌物（Bap）可减少50%以上，极大降低燃煤对大气环境造成的污染。洁净型煤中加入了固硫剂、黏合剂，减少了固体粉尘的排放量，二氧化硫的排放量也大大减少。

淄博市已有淄博正源洁净型煤有限公司、淄博金安洁净型煤有限公司、沂源源晟洁净型煤有限公司和沂源恒友洁净型煤有限公司4家洁净型煤生产企业，累计年产洁净型煤120万吨，主要销往京津冀地区。

淄博正源洁净型煤有限公司生产工艺流程主要是通过粉碎、添加黏合剂、压球、烘干工艺制成洁净型煤。该厂有四条生产线，产能达1200吨/天。原料煤主要采用含硫小于0.3%、灰分（Ad）小于18%、挥发分（Vdaf）小于10%、热量在6000大卡左右的优质无烟煤，其主要来源是辽宁绿地公司提供的朝鲜煤。（辽宁绿地能源煤业有限公司总部位于丹东东港市，拥有丹东地区最大的铁路货场。辽宁绿地公司基于丹东港和日照港的区位优势，积极开展对朝贸易，年采购朝鲜无烟煤300万吨，褐煤100万吨）该公司原料煤到厂价格约450元/吨，洁净型煤加工成本约150元/吨，总成本600元/吨左右。洁净型煤产品以800元/吨的价格销售给北京金泰公司，后者以1080元/吨的价格销售给北京市政府。用户购买价为600元/吨，差价由政府补贴生产方。

济南市有山东长青洁净型煤有限公司一家洁净型煤生产企业，建成年产 15 万吨民用洁净型煤生产线一条。河北省已建成 105 个洁净型煤生产配送中心，年生产能力达 1500 万吨。

根据以上考察结果，京津冀属于经济发达地区，经济实力强，采取财政经济补贴方式进行洁净型煤推广取得了较好效果。淄博市洁净型煤试点过程中，由于市政财力不足，补贴额度相对较低，用户实际购买洁净型煤价格高于普通散煤价格 100 元/吨以上；且推广应用的洁净型煤和兰炭"上火慢""火头小""不好使"，推广存在一定难度。因考察时间短，未发现工业链条炉推广应用洁净型煤情况。

六、分布式能源系统

分布式能源系统（Distributed Energy System，DES）集采暖、分布式供电、制冷等于一体，小规模、分散式地将发电系统布置在用户附近，独立输出电能、热能和冷能。

为了提高天然气在我国一次能源消费中的比重，政府对 LNG 产业的发展日益重视，LNG 接收站和天然气液化工厂项目迅速铺开。随着国内中小型天然气液化技术迅速发展，建设项目数量快速增加，总液化产能大幅提高，液化工厂的生产能力呈逐渐扩大趋势，沿海和内陆地区的 LNG 需求可分别由沿海进口的 LNG 接收站和内陆的液化天然气工厂满足。

目前，山东省车用天然气价格与汽油价格进行联动，在农村地区推广分布式 LNG 用于散煤治理有相当的难度，考虑到运输成本等现实因素，在当前山东农村家庭消费的现实状况下，与电力、散煤等相比，分布式 LNG 使用成本过高。

七、"煤改气"与"煤改电"政策

为调整优化能源消费结构、推进清洁能源供热、改善大气环境质量，各地政府都在完善电采暖相关优惠政策,预计未来我国电采暖行业将有更加广阔的发展空间。

山东省物价局、山东省经济和信息化委员会已联合发布《关于开展居民生活用电峰谷分时电价政策试点的通知》,开展居民生活用电峰谷分时电价试点。按照这一试点方案,以用电量最多的第一阶梯为例,在高峰用电时段每度电比原来贵3分,用电低谷时段每度电比原来便宜0.17元。根据政策要求,居民用电高峰时段为8:00~22:00;用电低谷时段为22:00至次日8:00,在现行阶梯电价标准上,高峰时段每千瓦时加价0.03元,低谷时段每千瓦时降价0.17元。即第一档高峰时段电价每千瓦时(下同)0.5769元、低谷时段电价0.3769元;第二、第三档峰、谷电价分别在第一档峰、谷电价基础上加价0.05元、0.30元。选择了峰谷分时电价的居民用户,晚10点后用电每度可节省0.1元左右。山东省物价局规定,电采暖用户享有一定电价优惠政策,采暖季中月用电量超出400度达到阶梯电价第三档的,继续执行第二档电价0.5969元/度,也就是每度电享受0.3元的优惠。山东省、济南市两级政府实行"煤改电"居民电采暖初装费10%~20%的补贴政策,同时核算替代电量,给予一定比例的资金补贴,提高居民使用电采暖的积极性。

居民生活用电峰谷分时电价政策适用于电力公司直接抄表、收费到户的城乡居民用户,即"一户一表"用户,电力公司优先为新建居民住宅小区安装峰谷分时电价表,并选择居民用户电表改造率较高、峰谷量差距较大的市、县为试点单位,免费为选择执行峰谷分时电价的居民用户安装及更换电表。

在农村地区推广"煤改电",一方面,需要对"煤改电"的农村电网及配套的电力设施进行改造,以应对新增加的用电负荷;另一方面,要根据农民房屋面积大小、保温情况等因素,确定采暖季户内温度达标所需的热量，再据此选择合适的设备和采暖方案，改变过去村民只关心单一取暖器，不注重整体取暖系统的做法和习惯，确保农村家庭取暖系统做到实用、安全、舒适、环保节能。

北京市怀柔区"煤改电"的电采暖设备包括空气源热泵、电锅炉、蓄热式电暖气、地热电采暖等，这些都属于补助范围。对改造符合安全标准，从入户分支箱到电采暖设备的线路改造、设备及施工费用总额，按照市区财政一次性补贴70%且最高不超过7000元的标准给予补贴（市财政最高补贴2200元，区财政最高补贴4800元），其余部分由农户自筹。根据北京市周边地区"煤改电"的实施经验，如果政府给予一定的用电补贴和电采暖设备补贴，与农村散煤燃烧取暖相比，蓄热式电采暖系统取暖有较为广阔的应用前景。

八、山东省清洁能源替代散煤供暖案例

（一）"微排放校园"

山东师范大学历山学院从建校之初就采用太阳能光热、光伏、生物质能、空气能等可再生能源，以分布式能源系统的形式供电、供暖、制冷以及提供洗浴热水。

全校共建5个分布式能源站，采用秸秆成型燃料供暖、LUCY光伏特种热泵供暖制冷、燃气和沼气冷热电联供、太阳能热制冷中央空调等多套成熟的绿色能源解决方案。学校的每一栋建筑都安装了太阳能集热器或光伏组件，累计安装1.5万平方米太阳能集热器和2兆瓦光伏组件。使用两台生物质真空热水机组用秸秆成型燃料为全校供暖。太阳能路灯随处可见，通过几十台空气源热泵、吸收式制冷机、冷热电联供一体化机组和沼气池等设备，为全校师生提供清洁的绿色能源。

（二）昌乐实验中学光伏特种热泵供暖

昌乐实验中学采用屋顶光伏发电，发电自用、余电上网，除冬季供暖外，其发电上网的年收入为70万元；冬季供暖主要依靠太阳能发电驱动特种热泵（零下20℃稳定运行），由于设计末端为暖气片，换热效率差，极端天气需要天然气辅助。

（三）潍坊市清洁能源替代散煤供暖方案

1. 潍坊市城中村和农村"煤改电"

城中村和农村的住宅大多漏风，都不属于节能建筑，能耗很高。因此，在这类住宅中用小煤炉采暖，热效率很低，导致污染物排放严重超标，是当地雾霾的主要成因之一。潍坊市应借鉴北京市和河北省的相关政策，鼓励居民采用低温空气源热泵供暖。

具体技术方案：住宅节能改造+"煤改电"

（1）散户房屋改造为节能建筑。重点做好房屋墙体等维护结构隔热保温，将门窗更换为节能门窗。

（2）"煤改电"。对于未铺设地暖的用户，采用"特种热泵配备换热末端"方式，可同时解决冬季供暖和夏季制冷问题；对于已铺设地暖的用户，只需将煤炉换为特种热泵，采用地暖末端换热效率最高，运行投资最省。

为了调动散户"煤改电"的积极性，政府应出台相应政策，给予散户节能改造和新增设备初始投资补贴，并对采暖期电价提供补贴。同时，政府还应加强电网建设和改造，抵消新增的少量电力负荷，100平方米新增3千瓦的电负荷，200平方米新增6千瓦的电负荷。

2. 散煤替代的技术方案

（1）特种热泵冷暖中央空调系统

历山学院新能源研究所研发的适应我国北方地区冬季低温环境的"特

种空气源热泵+智能微感换热末端"冷暖中央空调系统方案是城中村和农村"煤改电"的最优方案,可最大限度实现节能减排、提升散户冬季舒适度。"煤改电"具体方案如下:

方案一:对于未铺设地暖的用户,采用"特种空气源热泵+智能微感换热末端",可以同时解决冬季供暖和夏季制冷问题。

方案二:对于已铺设地暖的用户,只需采用"特种空气源热泵+地暖末端",提高热效率的同时,还可节省投资费用。

(2)生物质成型燃料真空热水机组

历山学院新能源研究所联合国内其他研发机构共同研发的生物质成型燃料真空热水机组采用清洁燃烧、高效换热和循环利用等技术,可实现1吨秸秆成型燃料替代1吨煤炭,为秸秆等生物质资源化综合利用找到了一条最合适的路径。

由禄禧新能源在山东青州市实施的山东省示范秸秆替代燃煤项目,采取生物质机组取代燃煤锅炉,确保广大乡镇没有分布式集中供暖区,真正实现节能环保和保障民生并举,使困扰地方政府已久的秋季秸秆焚烧问题得以解决。

九、空气源热泵技术应用

低温空气源热泵是由电动机驱动的蒸汽压缩制冷循环、以空气为热源的热泵机组,能在不低于-20℃的环境中制取热水。低温空气源热泵供暖(空调)系统需进行充水养护,在有冻结危险的场合应采取保温措施。低温空气源热泵侧重冬季供暖,分为热风型和热水型,采取"一机多端"的应用模式。"一机"指低温空气源热泵主机;"多端"指供暖地面、散热器、毛细管网和风机盘管。

山东省发布了推进农村地区供暖工作的实施意见,提出截至2020年底，全省70%以上的村庄实现冬季清洁供暖；2017年1月5日发布的《国务院关于印发"十三五"节能减排综合工作方案的通知》中，在"强化建筑节能、推进农业农村节能、加强公共机构节能"三大方面，提倡通过使用"空气能"等清洁能源控制煤炭的燃烧，减少二氧化碳、氮氧化物的排放。2017年2月，山东省住建厅将空气源热泵列为可再生能源。

空气源热泵供暖的优势：制热无污染、无废气排放、环保节能；安装无须像集中供热一样进行长距离的挖掘施工，可就地安装，方便快捷；温度可调可控，智能更节能；消耗少量电能做功吸收空气热能，实现能源可持续发展。空气源热泵供暖的劣势：环境气温会影响设备的制热量。出水温度不高，一般不超过60℃；设备投资造价偏高，需要资金投入。

第九章

山东省重点行业煤控情况分析

第九章 山东省重点行业煤控情况分析

第一节 山东省重点行业煤控状况

一、目标和挑战

山东省产业结构偏重,高耗能行业能耗占比偏高。伴随着经济发展进入新时期,山东省产业结构偏重的状况未能得到根本解决,有色金属产业仍呈现高速发展态势。同时受经济增长不确定因素的影响,高耗能企业产能释放导致新增能耗增加,煤炭消耗刚性需求继续加大。强化部门煤控工作,重点结合山东省的"工业绿动力"计划,覆盖从煤粉锅炉改造扩展到窑炉改造以及钢铁和煤化工等全部工业行业。山东省发改委发起的淘汰落后产能工作以及由环保部门发起的电力改造工作,也是煤控工作的重要领域。

山东省要清楚地认识到煤炭总量控制所面临的困难和挑战,努力奋斗,接受挑战,认真做好应对措施。

二、煤控效果

为控制煤炭消费总量,山东省制定了《2017年煤炭消费减量替代工作行动方案》,将控煤任务分解到市、县和责任部门,落实到重点产业、重点企业、重点产品上,明确责任清单、措施清单和具体时限。在全面整治"散乱污"企业方面,山东省17市共排查出"散乱污"企业84943家,已完成对 84887 家"散乱污"企业的整治工作,完成率高达 99.93%。其中,在 7 个传输通道城市排查出的 55227 家"散乱污"企业,已全部完成整治。

此外,山东省 7 个传输通道城市还超额完成国家下达的"气代煤""电代煤"改造任务。各市均按要求制订了重点行业错峰生产方案。根据各市报送的企业清单统计,共涉及 2475 家企业。

(1) 钢铁行业

根据《山东省钢铁行业化解过剩产能实现脱困发展组织实施方案》和国家批复下达给山东省化解过剩产能的目标计划,2017 年,全省化解过剩产能生铁 175 万吨、粗钢 527 万吨。经全省上下共同努力,截至 2017 年 9 月底,山东省有关去产能设备已全部关停退出,完成去产能任务。

山东省深入开展打击取缔"地条钢"企业专项行动,确认的 36 家"地条钢"企业中,有 35 家已按照"五个彻底"标准,对中频炉、变压器、除尘罩及轨道、操作平台等设备进行彻底拆除,对厂房内的原材料进行彻底清理,有关违规产能全部退出;淄博正晋特钢有限公司因法院查封暂不具备拆除条件,待判决解封后彻底拆除。

(2) 煤炭行业

根据省政府办公厅《关于公布 2017 年化解煤炭过剩产能工作目标的通知》(鲁政办字〔2017〕86 号),2017 年,山东省拟对山东八一煤电化有限公司等 5 处煤矿实施关闭,退出产能 351 万吨/年。经省煤炭行业化解过剩产能实现脱困发展领导小组办公室组织省发展改革委、省财政厅、省人力资源和社会保障厅、省国土资源厅、省国资委、省金融办、省煤炭工业局和山东煤监局等部门对 5 处煤矿进行省级联合验收,5 处煤矿全部达到了煤炭去产能关退标准要求,做到了真关真退。2017 年全省实际关闭煤矿 5 处,退出产能 351 万吨,完成了去产能任务。详见表 9-1-1。

表 9-1-1   2017 年山东省化解煤炭过剩产能关退煤矿名单

序号	煤矿名称	产能规模（万吨/年）
1	龙口煤电有限公司北皂煤矿	225
2	山东八一煤电化有限公司	30
3	山东王晁煤电集团新宏煤业有限公司	30
4	济宁市蔡园生建煤矿	36
5	莱芜市苍龙峡旅游开发有限公司华鑫煤矿	30

第二节 山东省重点行业煤控主要措施

一、错峰生产

严格落实采暖季生产调控措施，将执行错峰生产的任务明确到各个企业。全省所有水泥生产线，包括利用电石渣生产水泥的生产线，全部进行错峰生产。其中，承担居民供暖、协同处置城市垃圾和危险废物等保民生任务的生产线原则上可以不进行错峰生产，但要根据所承担的任务核定最大允许生产负荷。

二、技术创新

（1）电力工业。严格控制新建煤电项目，大力发展太阳能和工业余热发电等项目。认真落实国家电力体制改革工作部署，稳步实施电力直接交易，实现资源高效科学合理配置。继续淘汰火力发电落后产能，关停30万千瓦以下的小火电机组。加快建设特高压电网及配出工程，扩大外电入鲁规模。结合产业园区规划，建设园区供热中心，以热定电。鼓励利用天然气、太阳能、风能等清洁能源发电，积极推进智能电网建设。推进农村电网改造，推广农村光伏发电并网。注重电网节能，引导用户优化用电方式，使用节电产品。

（2）钢铁工业。加大节能改造力度，推进资源综合利用，推动钢铁生产过程中余热余能的回收利用，提高转炉、各工序水的回收综合循环利用，实现全余热闭路利用，延伸钢铁工业产业链，推进钢铁企业余热利用社会化。

（3）化学工业。进一步严格化工项目准入制度，继续推动化工企业"进区入园"，深入实施化工企业"四评级一评价"，制定化工企业的节能降耗评级标准和综合评价指标，建立并完善化工企业节能管理台账，依法规范监管。

（4）建材工业。推广先进技术装备，加快节能减排达标步伐，推动环境成本内部化、减排指标透明化和环保理念落地化，主动践行水泥企业的社会责任，高度关注节煤、节电、节水、清洁生产、污染物减排等重点环节，推广水泥窑协同处置生活垃圾及城市污泥。

（5）有色金属制品业。提高铝型材加工装备水平及自动化、智能化水平，推动大卷重宽幅冷轧、立辊热轧实现轧制速度优化和精密化，提高生产效率，减少废料。发展完善废铝回收利用、铝棒定制一体化模式，实现生产工艺全流程系统节能。

三、调整工业及能源结构

深入实施高端、高质、高效产业发展战略，调整三大产业占比，优化能源消费结构；推动传统行业转型升级，培育壮大新兴产业。加快构建科技含量高、资源消耗少、环境污染小的产业结构，在保持经济中高速增长的同时实现节能降耗。

（1）促进传统产业转型升级。落实《<中国制造 2025>山东省行动纲要》，深入实施《山东省工业转型升级行动计划》和22个重点行业转型升级方案，采用先进、适用的节能低碳环保技术改造提升传统产业。深化制造业与互联网融合发展，促进制造业高端化、智能化、绿色化、服务化；构建绿色制造体系，推进产品全生命周期绿色管理，不断优化工业产品结构。支持重点行业改造升级，鼓励企业瞄准同行业标杆企业，全面提高产品技术水平、工艺装备水平、能效环保水平。强化节能环保标准，严格行业规范、准入管理和节能审查，对于环保、能耗、安全等不达标或生产、使用淘汰类产品的企业，勒令其依法依规有序退出。实施逐步趋严的污染物排放标准，推动企业科技进步，提高清洁生产和污染治理水平。充分发挥生态环保倒逼引导作用，优化产业布局，推动传统产业转型升级，提升产业层次和核心竞争力。

（2）加快新兴产业发展。加快发展壮大新一代信息技术、高端装备等战略性新兴产业，推动新领域、新技术、新产品、新业态、新模式蓬勃发展。推广云计算技术应用，新建大型云计算数据中心能源利用效率值优于1.5。大力发展"互联网+"智慧能源，支持基于互联网的能源创新，推动建立城市智慧能源系统，鼓励发展智能家居、智能楼宇、智能小区和智能工厂，推动智能电网、储能设施、分布式能源、智能用电终端协同发展。综合采取节能减排系统集成技术，推动锅炉系统、供热/制冷系统、电机系统、照明系统等优化升级。

（3）推动能源结构优化。努力压减煤炭消费总量，逐步降低煤炭消费比重。积极推进煤炭洗选和提质加工，加强煤炭安全绿色开发和清洁高效利用；推广使用优质煤、洁净型煤，鼓励用可再生能源、天然气、电力等优质能源替代燃煤。安全发展核电，协调推进风电开发，推动太阳能大规模发展和多元化利用，增加清洁低碳电力供应。加快推进"外电入鲁"，接纳省外来电，建设锡林郭勒盟、榆横、上海庙等输电项目。在居民采暖、工业与农业生产、港口码头等领域推进天然气、电能替代，减少散烧煤和燃油消费。

（4）加快节能减排关键技术的研发示范推广。针对山东省能源结构、能源安全、温室气体减排等重大战略需求，以发展清洁低碳能源为主攻方向，加快研发煤炭清洁高效利用和新型节能、智能电网、储能系统、新能源和可再生能源等关键核心技术。聚焦环境污染源头控制、清洁生产和生态修复等技术体系，研究绿色发展关键技术，重点在节能降耗、大气污染防控、资源高效循环利用、生态环保等领域，加强共性关键技术攻关，培育一批具有自主知识产权的技术装备，为加快建设资源节约型、环境友好型社会提供科技支撑。

四、建立节能管理体系

建立管理、执法、服务"三位一体"的节能管理体系，建立节能服务和监管平台，加强政府管理和服务能力建设。加大对节能降耗工作的资金支持力度，统筹安排相关专项资金，鼓励社会资本建立节能服务产业投资基金；健全用能权交易机制，建立用能权有偿使用和交易制度。制定节能减排培训纲要，实施培训计划，进一步提升政府节能管理部门、机构的节能服务能力和水平。

推动企业完善节能管理。引导企业建立能源资源计量管理体系，实行能源资源消费分类计量，明确企业能源资源计量的主体责任，加强对企业能源计量器具配备、强制检定的监督。加强重点用能单位能源计量数据在线采集、实时监测工作，强化对能源资源计量数据的综合分析和应用；支持企业加强内部能源运行动态监控，鼓励运用信息化技术和手段，实现生产过程能源消耗的监测和精细化管理。推动企业参与建设能源计量数据信息化管理网络，建立重点用能企业能源资源计量数据在线、实时信息采集平台。

参考文献

英文文献：

[1] Motoh T. Optimal natural resources management under uncertainty with catastrophic risk [J]. Energy Economics, 2004, 26 (3): 487-499.

[2] Sethi S. P., Thompson G. L. Optimal control theory: Applications to management science [M]. M. Nijhoff Pub, 1981.

[3] Guo-Hao Z., Tu-Jing S. Optimization model to enhance sustainable utilization of resources [J]. Journal of Systems Science and Systems Engineering, 2002, 11 (1): 77-82.

[4] Bridgman B. Data files for "Energy Prices and the Expansion of World Trade" [J]. Technical Appendices, 2008, 11 (4): 904-916.

[5] Hamilton, James D., Herrera, Ana Maria. Oil shocks and aggregate macroeconomic behavior: The role of monetary policy [J]. Journal of Money, Credit & Banking (Ohio State University Press), 2004.

[6] Hang L., Tu M. The impacts of energy prices on energy intensity: Evidence from China [J]. Energy Policy, 2007, 35 (5): 2978-2988.

[7] Raymond Li, Guy C. K. Leung. Coal consumption and economic growth in China [J]. Energy Policy, 2012, 40 (6): 438-443.

[8] Lin, Boqiang, Yao, Xin, Liu, Xiying. China's energy strategy ad-

justment under energy conservation and carbon emission constraints [J]. Social Sciences in China, 2010, 35 (5): 176-183.

[9] Yuzhe Wu, Shen J., Zhang X., et al. The impact of urbanization on carbon emissions in developing countries: A Chinese study based on the U-Kaya method [J]. Journal of Cleaner Production, 2016.

[10] Zhang Y., Liu C., Li K., et al. Strategy on China's regional coal consumption control: A case study of Shandong province [J]. Energy Policy, 2018 (112): 316-327.

[11] Wang B. J., Zhao J. L., Wu Y. F., et al. Allocating on coal consumption and CO_2 emission from fair and efficient perspective: Empirical analysis on provincial panel data of China [J]. Environmental Science and Pollution Research, 2018.

[12] Han, Li, et al. Analysis of the impacts of heating emissions on the environment and human health in North China [J]. Journal of Cleaner Production, 2019.

[13] Song X., Geng Y., Li K., et al. Does environmental infrastructure investment contribute to emissions reduction? A case of China [J]. Frontiers in Energy, 2020, 14 (1): 57-70.

[14] National Development and Reform Commission of China (NDRC). Enhanced actions on climate change: China's intended nationally determined contributions 2015 [Z]. Beijing: National Development and Reform Commission of China, 2015.

[15] Xie X., Ai H., Deng Z. Impacts of the scattered coal consumption on PM2.5 pollution in China [J]. Journal of Cleaner Production, 2019.

[16] Luo, He, Yu, et al. Investigating the influence of the implementa-

tion of an energy development plan on air quality using WRF-CAMx modeling tools: A case study of shandong province in China [J]. Atmosphere, 2019, 10 (11): 660.

[17] Zhang Y., Liu C., Chen L., et al. Energy-related CO_2 emission peaking target and pathways for China's city: A case study of Baoding City [J]. Journal of Cleaner Production, 2019.

中文文献：

[1] 王文蔚，王祖明．中国能源可持续发展的途径［J］．能源研究与利用，2018（6）：41-45．

[2] 张华新，刘海莺．能源市场化与能源安全［J］．中国矿业，2008（3）：5-7．

[3] 李俊峰，江思羽．转型时代能源安全问题思考与中国方案［J］．中国能源，2020，42（1）：4-10．

[4] 罗宏，张保留，吕连宏，裴莹莹．基于大气污染控制的中国煤炭消费总量控制方案初步研究［J］．气候变化研究进展，2016，12（3）：172-178．

[5] 赵国浩，卢晓庆．煤炭资源优化配置视角下的山西煤炭资源整合分析［J］．煤炭经济研究，2010，30（6）：4-8．

[6] 曹海霞，王宏英．山西煤炭行业资源整合的实践与对策［J］．中国煤炭，2008（4）：16-19．

[7] 戴彦德，吕斌，冯超．"十三五"中国能源消费总量控制与节能［J］．北京理工大学学报（社会科学版），2015，17（1）：1-7．

[8] 刘冰，孙华臣．能源消费总量控制政策对产业结构调整的门限效应及现实影响［J］．中国人口·资源与环境，2015，25（11）：75-81．

[9] 吕连宏，罗宏，王晓．大气污染态势与全国煤炭消费总量控制［J］．中国煤炭，2015，41（4）：9-15．

[10] 刘冰，孙作人，孙华臣．消费总量控制下的能源空间配置路径及优化策略［J］．中国人口·资源与环境，2019，29（1）：96-106．

[11] 李荣杰，张磊，赵领娣．中国清洁能源使用、要素配置结构与碳生产率增长——基于引入能源和人力资本的生产函数［J］．资源科学，2016（4）：645-657．

[12] 刘风.基于供需匹配的中国煤炭资源流动优化研究[D].中国矿业大学,2016.

[13] 王敏,徐晋涛,黄卓.能源体制改革:有效的市场,有为的政府[J].国际经济评论,2014(4):37-53.

[14] 韩君,梁亚民.生态环境约束的能源定价模型构建及应用[J].兰州大学学报(社会科学版),2016,44(2):29-38.

[15] 张一清.能源优化配置机制的博弈与投入产出分析[D].首都经济贸易大学,2011.

[16] 卞彬.资源要素价格改革与经济转型升级[J].重庆行政(公共论坛),2015,16(4):38-40.

[17] 高殿军.煤炭产品的完全成本及其补偿机制研究[D].辽宁工程技术大学,2013.

[18] 高志远.基于CGE模型的能源价格波动对国民经济影响研究[D].中国矿业大学(北京),2015.

[19] 贾辰勇.煤炭开采的生态环境成本补偿问题研究[D].西安科技大学,2015.

[20] 李国平,郭江.能源资源富集区生态环境治理问题研究[J].中国人口·资源与环境,2013,23(7):42-48.

[21] 杜彦其.煤炭可持续发展基金红利效应及政策评价研究[D].山西财经大学,2016.

[22] 孙卫明.浅谈企业节能精细化管理[J].资源节约与环保,2013(3):3-5.

[23] 张一清.论我国的能源定额管理机制[J].山东工商学院学报,2013,27(3):62-66.

[24] 李婧瑷.我国煤炭价格市场化改革研究[J].价格月刊,2016

（6）：42-44.

[25] 史丹,冯永晟,李雪慧.深化中国能源管理体制改革问题、目标、思路与改革重点[J].中国能源,2013,35(1):6-11.

[26] 杨锦春.能源互联网：资源配置与产业优化研究[D].上海社会科学院,2019.

[27] 冯罡,焦彦斌,张善明,朱哲昕.矿产资源税费改革探讨[J].资源与产业,2013,15(2):36-42.

[28] 潘骏亚.我国能源价格市场化改革中的问题与出路研究[D].安徽大学,2014.

[29] 袁一仁,成金华,陈从喜.中国自然资源管理体制改革：历史脉络、时代要求与实践路径[J].学习与实践,2019(9):5-13.

[30] 童俊军,于仲波,范安成,罗敏怡.浅析用能权交易及其配额分配[J].节能与环保,2019(10):36-37.

[31] 王庆一.2019能源数据[Z].北京：绿色创新发展中心.

[32] 秦鹏,代霞.中国能源消费总量：时序演变、影响因素与管控路径[J].求索,2015(1):111-115.

[33] 汤韵,梁若冰.能源替代政策能否改善空气质量——兼论能源定价机制的影响[J].中国人口·资源与环境,2018,28(6):80-92.

[34] 高兴佑.我国煤炭价格机制改革研究[J].中国矿业,2016,25(6):21-25.

[35] 齐峰,冯百侠.国外能源生产消费外部性研究[J].河北联合大学学报（社会科学版）,2014,14(1):33-38.

[36] 乔永璞.可耗竭资源与经济可持续发展"悖论"研究[J].北京交通大学学报（社会科学版）,2019,18(3):68-77.

[37] 罗传建,刘章生.居民阶梯电价政策的技术创新诱导效应研究

[J]．管理世界，2017（10）：178-179．

[38] 林伯强．能源总量控制倒逼产业结构调整［N］．中国证券报，2014-12-31（A04）．

[39] 潘雅茹，罗良文．政府干预、资源禀赋与中国能源效率测度［J］．江汉论坛，2017（11）：35-41．

[40] 马宇，安晓庆．汇率变动、收入差距与经济增长——基于不同经济发展阶段的实证研究［J］．经济学家，2018（9）：78-87．

[41] 刘娜．纳米能源的复杂创新网络研究［M］．北京：经济科学出版社，2017．

[42] 高小芹，刘传庚，刘晓燕，陈绍杰．中国工业行业煤炭利用效率测度及影响因素研究［J］．宏观经济研究，2020（4）：49-59．